零基础学纳税

王卫琴 王珈 / 编著

一本就通，新手变能手

化学工业出版社
· 北京 ·

内容简介

本书根据我国税收与会计法规的最新变化编写，聚焦企业税务实务操作，以浅显易懂的语言，帮助纳税新手轻松掌握纳税知识和申报流程。本书涵盖了企业日常场景中的各种常见税种，从政策法规到操作步骤逐步拆解，并结合真实案例、税务实务处理、账务处理、图表与申报样表，提供“即学即用”的参考指导。每章结尾特别设置独立栏目“财税小点拨”，为读者提供合理、合法降低税负的思路与方法，激发读者深入学习纳税知识的兴趣。

本书属于实战型书籍，适合初入职场的财务人员、初创企业的创业者、希望优化税负的中小企业管理者、在职财税工作者、即将步入职场的财经类专业学生及对税务知识感兴趣的读者阅读。

图书在版编目（CIP）数据

零基础学纳税 / 王卫琴，王珈编著. -- 北京 : 化学工业出版社，2026. 1. -- ISBN 978-7-122-49428-3

Ⅰ. F812.423

中国国家版本馆CIP数据核字第2025TX3025号

责任编辑：罗　琨　　　　文字编辑：史燕妮　杨振美
责任校对：刘曦阳　　　　装帧设计：韩　飞

出版发行：化学工业出版社
（北京市东城区青年湖南街13号　邮政编码100011）
印　　装：三河市双峰印刷装订有限公司
710mm×1000mm　1/16　印张10　字数186千字
2026年3月北京第1版第1次印刷

购书咨询：010-64518888　　　　售后服务：010-64518899
网　　址：http://www.cip.com.cn
凡购买本书，如有缺损质量问题，本社销售中心负责调换。

定　　价：59.80元　

前言

税收与我们每个人、每个企业息息相关，体现在我们的衣食住行等日常生活中。

学习会计，就离不开“税收”这个知识点；从事会计工作更是少不了与税务机关的业务往来。财务会计处理方法与税务会计处理方法是否相同，如何将两者有效结合，达到对企业经济业务准确确认、计量、记录和报告？鉴于前述问题，笔者依托自身多年的会计工作经验，向读者奉上此书。

本书根据我国税收与会计法规的最新变化进行编写，注重理论与实践的结合，对我国现行税法体系进行了系统详细的讲述。希望本书能为读者提供更为实用、更为全面的税务会计知识与实践操作知识，使读者通过对本书的阅读，进一步提高对税务相关知识的理解，提升自身的实务操作水平。

本书将带给读者的收获

1. 本书既包括了我国现行税法体系各个税种的税收法规制度，又涵盖了会计知识中的账户设置与会计处理方式，在内容上更贴近实际工作的业务所需。

2. 本书重点突出，有实践指导意义。根据各项税种在工作中出现的频率进行安排，出现频率高、重要的、每家企业都会出现的重点编写，对大家不常用、不常见的简单编写。

3. 书中紧抓财会专业应用性强的特点，在会计处理与税法应用上，以财政部和税收立法机关最新颁布的会计准则和税收制度为蓝本，力求体现最新的知识与会计实务实践。

4. 作者在编写上充分利用表格将各个知识点进行归纳总结，力求使读者轻松阅读，了解、掌握相关知识。

5. 利用大量的图例对纳税申报中的常用表格进行说明，使读者更直观地对所学知识加以运用，提高解决实际业务问题的能力。

目录

第1章 纳税基础

税收在我国历史悠久，其雏形可追溯至远古时期的纳贡，春秋时期，鲁国实行“初税亩”，开始了按田亩征收赋税的正式制度。进入封建社会后，逐渐形成了以“田赋”（土地税）和“人头税”为主体的税收体系，人人都要依法纳税。随着社会经济的发展，税收从以实物形式缴纳变为现在以货币形式缴纳。

1.1 税的基础知识

1.1.1 税是什么?

说到税，不同身份、不同经历的人由于所处社会经济环境和对税的了解程度不同，脑海中的第一反应也不尽相同。

以下是不同身份的人对于税的理解：

(1) 普通上班族

工资里的税：很多普通上班族首先会想到每个月工资里被扣除的个人所得税，以及和自身相关的专项附加扣除项，实际扣税后到手的工资是多少，什么是税前工资，什么是税后工资。

(2) 企业老板

① 企业经营中的税：企业的盈亏状况怎么样？赚钱后需要交哪些税费？为什么有时候不赚钱还要交税?

② 税收优惠政策：我们企业能享受到哪些税收优惠政策？这些优惠政策该怎么用?

③ 税务筹划：如何在合法的前提下，通过合理的税务筹划来降低企业的税负，提高企业的盈利能力?

(3) 财会人员

① 专有名词：和税打交道最多的要数财会（财务会计）人员，提到税他们脑海中的第一反应都是专有名词，像增值税、企业所得税、出口退税、汇算清缴、纳税申报等。

② 税收政策变化：每年有哪些新的税收政策变化，这些变化会给工作带来什么影响，他们也需要通过不断学习来更新知识。

③ 稽查、风险：财会人员比较关心企业的合规问题，发票、账务处理是否规范，担心税务稽查以及企业会面临的处罚风险。

(4) 税务局工作人员

① 税收政策执行：纳税是企业的法定义务，企业要严格遵守税收法律法规，及时、准确地进行纳税申报和缴纳税款。

② 审核和稽查：审核和稽查企业的纳税申报表是否填报规范，检查企业是否如实缴纳税款，检查企业是否如实享受税收优惠政策等。

（5）普通老百姓

以前听说过要交农业税、农业提留税、工商税，为什么中奖了还要交税？饭店的饮料为什么比超市的贵？发票是干什么用的？卖房到手价和售价为什么差那么多？卖自己的房子为什么还要交税？税都交给谁了？税收上去都干什么用了？

1.1.2 我们为什么要交税?

税收是国家财政收入的主要来源，每个公民和企业在享受国家提供服务的同时，都应尽交税的责任和义务。稳定的税收收入能使国家大力发展经济、教育、国防和文化等事业。

（1）税收对国家的意义

国家将征收上来的税款投入基础设施建设，比如修建高速公路、高铁，方便人们的出行；通过财政拨款，建造学校、医院等公共服务设施，为社会培养各类人才，减轻公民的医疗负担，提高国家医疗水平。

（2）税收对社会的意义

通过税收调节收入分配，对高收入人群适用较高税率，对低收入人群给予优惠或补贴，缩小各阶层的收入差距。税收支持养老、低保等制度，对于经济有一定的维稳作用，有利于社会的和谐发展。

（3）税收对公民的意义

依法纳税是每个公民的基本义务，是公民履行社会责任的体现。公民在依法纳税的同时享受国家给予的良好教育和专业培训，从而有机会获得更好的职业发展，实现自身价值，为国家的发展贡献自己的力量。

1.1.3 税是怎么交上去的?

在大多数国家，税务机关和海关承担着征收税款的工作。在我国，税务机关是重要的税款征收和管理部门，他们主要负责指导和督促纳税人正确地履行纳税义务，及时征收税款并缴入国库，追回欠缴税款并对违法者进行处罚。同时，他们还向纳税人提供便捷的办税服务，并接受纳税人的监督。

我们每个企业和每个人都要按照税法的规定及时向税务机关缴纳税款，缴税的方式多种多样，常见的有代扣代缴、自行申报、委托代征等，不同身份的人缴纳税款的方式各不相同。后面的章节将详细描述如何申报纳税，这里不再描述。

税务系统也经历了由财税合一到国地税分设，再由分设转为合并的过程。2018 年“国税局”“地税局”退出历史舞台，正式合并为国家税务总局。

税收征收流程由登记、申报、缴纳、稽查四个步骤组成。

① 登记：纳税人需要在税务机关进行登记，获取税务登记资格。

② 申报：纳税人按规定期限（如月度、季度、年度）向税务机关提交纳税申

报表，申报应纳税额。

③ 缴纳：纳税人根据申报的应纳税额，通过银行转账、网上支付等方式缴纳税款。

④ 稽查：税务机关会对纳税人的申报和缴纳情况进行核查，确保税收的准确性和完整性。

1.2 税法与纳税的基本知识

学习税务会计，必须先掌握有关税收法规和纳税的基本知识，了解我国现行的税法体制和相关税收的征收管理制度。本小节将对现行税法的构成要素、税收的征纳制度、我国的税法体制以及纳税人的权利、义务与法律责任进行相关的讲解。

1.2.1 税法的构成要素

税收是国家取得财政收入的一种形式，它具有无偿性、强制性和固定性的特点，国家要做到依法治税，就必须依靠法律的手段来不断规范和完善税制。税收与税法是密不可分的，税法是税收制度的法律表现形式，而税收则是税法所确定的具体内容。

税法的构成要素有总则、纳税义务人、征税对象、税目、税率、纳税环节、纳税期限、纳税地点、减税、免税、罚则、附则等。下面对税法构成要素的主要要素进行详细说明。

（1）总则

主要包括立法依据、立法目的和适用原则等。

（2）纳税义务人

纳税义务人是指税法规定的直接负有纳税义务的单位和个人，它有两种基本形式：自然人和法人。

自然人是依法享有民事权利并承担民事义务的主体，包括本国公民、外国人和无国籍的人。

法人依法成立，是一种能够独立支配财产，并依法独立承担民事责任的社会组织。在我国，根据《民法典》的规定法人主要分为三类：营利法人、非营利法人和特别法人。

在纳税实务中，还有以下与纳税人相关的概念。

① 负税人：是指最终承担税收负担的人。纳税人与负税人有时一致，有时不一致，这往往取决于税负能否转嫁。如果税负能够转嫁，纳税人就不等于负税人，如间接税（流转税）；否则，纳税人与负税人就是合一的，如直接税（所得税）。

② 代扣代缴义务人：是指依照相关规定，在向纳税人支付收入、结算货款、

收取费用时，有义务代扣代缴其应纳税款的单位和个人，如出版社代扣作者稿酬所应缴纳的个人所得税。

③ 代收代缴义务人：是指依照有关规定，在向纳税人收取商品或劳务收入时，有义务代收代缴其应纳税款的单位和个人，如委托加工应税消费品中的受托方。

（3）征税对象

征税对象也可以称为课税对象，它规定了对什么征税，即征税目的物，是区别一种税与另一种税的重要标志。按照性质的不同，通常可以划分为流转额、所得额、财产和行为、资源、特定目的等五大类。

（4）税目

税目是税法中对征税对象的具体化，反映具体的征税范围。在所有税种中，有些税种不分课税对象的具体项目，如所得税；而如消费税这些税种具体课税对象比较复杂的，则需要规定税目。

比如消费税，明确规定了只有烟、酒、高档化妆品等 15 类商品才属于消费税的征税范围，这 15 类商品就是税目；比如资源税，明确规定了只对能源矿产、金属矿产等 5 类矿产征收资源税，这 5 类矿产就是税目。

（5）税率

税率是对征税对象的征收比例或征收额度的规定，是应纳税额与计税依据之间的关系或比例，它是计算应纳税额的尺度，体现了税负的轻重。我国现行的税率如表 1-1 所示。

表 1-1　我国现行税率表

税率形式	含义	形式	应用税种举例
比例税率	对同一征税对象，不分数额大小，按相同的征收比例进行征收	①单一比例税率 ②差别比例税率	增值税 城市维护建设税
累进税率	将征税对象按数额（或相对率）大小分成多个等级，每一等级规定一个税率，税率递增；每一纳税人的征税对象则按照所属等级同时适用几个税率分别计算，将计算结果相加后得出应纳税额	①超额累进税率 ②超率累进税率	个人所得税 土地增值税
定额税率	按征税对象确定的计算单位，直接规定一个固定的税额进行税额的计算	—	资源税、车船税

（6）纳税环节

纳税环节是税法规定的征税对象在从生产到消费的流转过程中应当缴纳税款的环节。以下列举几个税种的纳税环节：

① 增值税：只要发生了货物销售、提供应税劳务、销售服务、销售无形资产

或不动产等行为，取得增值额，就需要缴纳增值税。

② 消费税：进口应税消费品，在进口报关时需要缴纳消费税；委托加工应税消费品，由受托方在向委托方交货时代收代缴消费税；生产应税消费品的企业，在产品生产出来并销售时缴纳消费税。

③ 资源税：在资源的开采或生产环节缴纳资源税。

④ 印花税：在书立、领受应税凭证的环节缴纳印花税。

（7）纳税期限

纳税期限是指纳税人在发生纳税义务后，按税法规定应该缴纳税款的起止时间，可以分为按期纳税和按次纳税两种。

按期纳税的申报期限可以为 1 日、3 日、5 日、10 日、15 日、1 个月或者 1 个季度。其中，以 1 个月或 1 个季度为一期的纳税人，应于期满之日起 15 日内申报纳税；以 1 日、3 日、5 日、10 日、15 日为一期的纳税人，应于期满之日起 5 日内预缴税款，并于次月 1 日起 15 日内申报结清。具体的纳税期限，由主管税务机关根据纳税人应纳税额的大小分别核定。不能按照固定期限纳税的，可以按次纳税。

1.2.2 我国现行税法体制及征收管理

一个国家在一定时期内、一定体制下以法定形式规定的各种税收法律、法规的总和为税法体系，也可以称作税收制度。税收制度的内容主要分为三个层次。

① 构成各税种的要素：纳税人、征税对象、税目等（详见 1.2.1）。

② 不同税种构成的税收制度。

③ 规范税款征收程序的法律法规。

（1）我国现行税法体制

我国现行的税法体制由税收实体法和税收征收管理法律制度构成。

① 税收实体法。我国税收实体法基本上是以间接税和直接税为双主体的税制结构。它们按照性质和作用大致可以分为五类，如表 1-2 所示。

表 1-2　我国现行税收实体法构成体系

税收性质		税种名称
主体税	流转税类（间接税）	增值税、消费税、关税
	所得税类（直接税）	企业所得税、个人所得税
非主体税	资源税类	资源税、土地增值税、城镇土地使用税
	特定目的税类	船舶吨税、车辆购置税、耕地占用税、城市维护建设税、烟叶税
	财产和行为税类	房产税、车船税、印花税、契税

注：间接税是指纳税人能将税负转嫁给他人负担的税种，如增值税、消费税等，这些税种的最终负税人为消费者；直接税是相对于间接税来说的，它是指税负不能转嫁、由纳税人直接负担的税种，如所得税和财产税。

② 税收征收管理法律制度。我国按照税收管理机关的不同，将税收征收管理的法律制度分类如下：

a. 由税务机关负责征收的税种的征收管理，按照全国人大常委会发布实施的《中华人民共和国税收征收管理法》（以下简称《税收征管法》）执行；

b. 由海关负责征收的税种的征收管理，按照《中华人民共和国海关法》（简称《海关法》）及《中华人民共和国关税法》等有关规定执行。

（2）税收的征收管理

企业税务会计人员应对本企业所应缴纳税种的征收机关一清二楚，知道什么税由什么机关来征收。目前，我国的税收分别由财政、税务、海关等系统负责征收管理。

1.2.3 纳税人的权利义务与法律责任

税法是我国法律体系的重要组成部分，它在执行时具有强制性，不得任意违反。作为税收法律关系中享有权利和承担义务的当事人，纳税人应该了解自己有哪些权利、应该履行哪些义务、税务违法承担的法律责任有哪些等，以便充分享有各项权利，忠实地履行各项纳税义务。

（1）纳税人的权利与义务

① 纳税人的权利。根据《税收征管法》和有关法律、法规的规定，纳税人主要享有的权利有：知情权、保密权、申请减免税权、申请行政复议或提起行政诉讼权、对税务违法行为的检举权、自主选择纳税申报方式权、延期申报权、延期纳税权、多缴税款申请退还权、要求承担赔偿责任权、委托税务代理权等。

② 纳税人的义务。按照《税收征管法》和其他法律、法规的规定，及时、准确、忠实地履行各项纳税义务。比如：根据各规定的应缴税种，在其相应的应税基础上，正确地计算各类税费的应缴税额，并对税款的计算作出正确的会计处理；企业违反税收法律规定或逾期缴纳税款的要依法支付各项罚款、滞纳金。

（2）纳税人的法律责任

我国的《税收征管法》对纳税人、扣缴义务人、税务机关以及税务人员违反税收法律法规的责任都作出了相关的描述。

纳税人、扣缴义务人及税务代理人违反税收法律、法规应承担的相关法律责任如表 1-3 所示。

表 1-3 纳税人、扣缴义务人及税务代理人违反税收法律、法规应承担的相关法律责任

违法人	违法行为	法律责任及相关处罚
纳税人 / 扣缴义务人	1. 偷税 2. 不进行纳税申报，不缴或者少缴应纳税款的	税务机关向其追缴欠缴的税款、滞纳金，并处欠缴税款 50% 以上 5 倍以

第1章 纳税基础

续表

违法人	违法行为	法律责任及相关处罚
纳税人/扣缴义务人	3. 欠缴应纳税款，通过采取转移或者隐匿财产的手段，对税务机关追缴欠缴税款造成妨碍的 4. 在规定期限内不缴或者少缴应纳税款，经税务机关责令限期缴纳，逾期仍未缴纳的	下的罚款；构成犯罪的，可由税务机关依法移送司法机关，由司法机关依法追究其刑事责任
纳税人	纳税人采取欺骗、隐瞒手段进行虚假纳税申报或者不申报，逃避缴纳税款数额较大并且占应纳税额百分之十以上的	按照《刑法》处三年以下有期徒刑或者拘役，并处罚金
	纳税人采取欺骗、隐瞒手段进行虚假纳税申报或者不申报，逃避缴纳税款数额巨大并且占应纳税额百分之三十以上的	按照《刑法》处三年以上七年以下有期徒刑，并处罚金
	纳税人以暴力、威胁方法拒不缴纳税款的	按照《刑法》处三年以下有期徒刑或者拘役，并处拒缴税款一倍以上五倍以下罚金
	纳税人以暴力、威胁方法拒不缴纳税款且情节严重的	按照《刑法》处三年以上七年以下有期徒刑，并处拒缴税款一倍以上五倍以下罚金
	纳税人欠缴应纳税款，采取转移或者隐匿财产的手段，致使税务机关无法追缴欠缴的税款，数额在一万元以上不满十万元的	按照《刑法》处三年以下有期徒刑或者拘役，并处或者单处欠缴税款一倍以上五倍以下罚金
	纳税人欠缴应纳税款，采取转移或者隐匿财产的手段，致使税务机关无法追缴欠缴的税款，数额在十万元以上的	按照《刑法》处三年以上七年以下有期徒刑，并处欠缴税款一倍以上五倍以下罚金
扣缴义务人	扣缴义务人采取欺骗、隐瞒手段进行虚假纳税申报或者不申报，逃避缴纳税款数额较大并且占应纳税额百分之十以上的	按照《刑法》处三年以下有期徒刑或者拘役，并处罚金
	扣缴义务人采取欺骗、隐瞒手段进行虚假纳税申报或者不申报，逃避缴纳税款数额巨大并且占应纳税额百分之三十以上的	按照《刑法》处三年以上七年以下有期徒刑，并处罚金
税务代理人	违反税收法律、行政法规，造成纳税人未缴税款或者税款存在少缴情况的	除由纳税人缴纳或者补缴应纳税款、滞纳金外，对税务代理人处罚款（纳税人未缴或者少缴税款50%以上3倍以下的）

1.3 了解税务筹划

现在社会中存在着一部分企业，为了减少税收的缴交，不惜冒着违法的风险偷税、欠税、抗税和骗税，忽略了另一种合法的方法——税务筹划，即利用自己的合法权利有效地规避税负，为企业降低税收成本。本书虽然是有关纳税知识的初级读本，但也希望读者在学习税务会计的同时，多了解一些税务筹划的有关知识，在本小节及部分章节的最后笔者将对税务筹划进行简单的描述。

1.3.1 什么是税务筹划？

要善于运用纳税规划，就必须搞清楚税务筹划的基本含义、基本原理，在了解并熟知相关知识的基础上加以运用，才能使税务筹划不偏离正确的轨道。

（1）税务筹划的概念和目标

税务筹划正被人们越来越多地关注，因为企业的利益与税收息息相关。目前国际上对税务筹划的概念并没有统一的说法，但提到税务筹划都用到了类似缴纳最低的税收、享有最大的税收利益、尽量减少纳税等字眼。

在本书看来，税务筹划是纳税人通过财务活动的安排，依据所涉及的现行税法和相关法规，在遵守税法、遵循税收国际惯例的前提下，对企业的组建、经营、投资、筹资等活动在税法允许的范围内进行的减轻税负、实现企业财务目标的谋划与安排。

据此，税务筹划的行为可以在企业经营活动的各个环节中存在。

① 在企业组建、注册登记或兼并重组时，尽可能地利用税收优惠政策，达到减轻税负、增加企业运营资金的目的；也可以利用公司的形式，比如小微企业、个体户、合伙企业、总分公司、母子公司等，税收对不同的企业形式有不同的规定，深入了解和熟知，并结合企业的发展和业务，也可以达到较大幅度减轻企业税收负担的目的。

② 在企业日常经营活动中，通过对收入、资产、费用等会计确认、计量和记录方法的选择，对筹资、融资方式的筹划以及业务模式或者业务流程的改动和设计也可以实现减轻税负、提高盈利的目标。

税务筹划的目标总的来说就是尽可能地减轻企业的税收负担，实现纳税最少、纳税最晚的经济目标。如果将税务筹划的目标进一步细化，可以将它按不同的层次来划分，如表 1-4 所示。

表 1-4　税务筹划的目标

目标细化	目标层次	含义	措施
恰当履行纳税义务	最低目标	规避纳税风险、规避任何法定纳税义务之外的纳税成本的发生	不断学习，及时正确地掌握现行税法，依法纳税，实现涉税零风险
纳税成本最低化	基础目标	降低企业在履行纳税义务时发生的直接纳税成本和间接纳税成本	纳税人提高自身业务素质，加强企业管理，不断健全、完善税制，提高税收征收管理人员的执业水平、业务素质
税收负担最低化	最高目标	以企业整体和长远利益为判断标准，实现企业税收总负担率（各项税款占其生产总值的比率）最低化、利润最大化	寻求法律法规、国际惯例、道德规范和经营管理的平衡，在涉税零风险的前提下，以企业整体和长远利益为标准，从经济观点而非税收角度来谋划和安排企业的资源，实现纳税人所得最大化

注：直接纳税成本：纳税人为履行纳税义务而付出的人力、物力和财力，如滞纳金、罚款及办理有关税务凭证、手续等而发生的各项成本费用；间接纳税成本：纳税人在履行纳税义务过程中所承受的精神负担、心理压力等。

（2）税务筹划的原则与特点

在进行税务筹划时，必须遵循一定的原则。主要原则包括：

① 合法性原则：合法是税务筹划的前提条件，即所有税务筹划方案必须符合国家法律规定，不得违法。

② 保护性原则：纳税人必须清楚自己所享有的各项权利，当合法权益受到侵害时，要敢于通过法律武器保护自己。比如，在税务机关对税务筹划方案存疑时，企业有权通过相关资料和证据进行申辩，证明税务筹划的合理性。

③ 时效性原则：很多税收优惠政策都有时效限制，纳税人需要时刻关注税收政策变化，在政策时效期内享受政策红利，达到税务筹划的目的。

④ 整体综合性原则：企业需要综合考量自己的内外部因素，从企业全局角度选择适合自己的税务筹划方案，比如，从增值税角度考虑，企业更愿意接纳一般纳税人的供应商，用来抵扣销项税；从企业所得税角度考虑，企业更愿意接受小规模纳税人的供应商，来增加所得税成本列支。

税务筹划具有的特点：

①合法性；②预期性；③目的性；④符合政府的政策导向；⑤普遍性；⑥多变性；⑦专业性。

1.3.2　税务筹划的手段和方法

如何进行税务筹划？税务筹划的手段和方法又有哪些呢？

1.3.2.1 税务筹划的手段

税务筹划的基本实施手段包括节税、避税和税负转嫁。

（1）节税

是指纳税人以税负最低为目的，对企业经营、投资、筹资等经济活动在税法规定的范围内存在的多种税收政策、计税方法进行选择。

节税这一税务筹划手段具有合法性、符合政府政策导向、普遍性及多样性的特点，一般具有以下三种形式：

① 在税法规定的范围内，在企业组建、经营与投资、筹资过程中进行节税的选择；

② 选择不同的会计政策、会计方法以求节税；

③ 利用税收照顾性政策、鼓励性政策进行节税。

（2）避税

以合法的手段减少应纳税额。它是纳税人在熟知相关税收法规的基础上，通过对经营活动、融资活动、投资活动等涉税事项的精心安排，在不直接触犯税法的前提下，达到规避或减轻税负的目的。

避税可以有多种分类，按照它所针对的税收法律、法规可分为以下几类：

① 利用不明确的条款避税，即纳税人对税法中不明确的条款从有利于自身利益的角度进行税务筹划；

② 利用税法互相矛盾、冲突的内容，进行有利于自己的税务筹划；

③ 利用税法中部分条款在执行中的弹性，按有利于自己的方式去执行；

④ 针对税法中对某一项目、条款并列规定的内容，选择有利于自己的内容和方法进行税务筹划。

（3）税负转嫁

是指纳税人通过价格的调整与变动，将应纳税款转嫁给他人负担的过程。

1.3.2.2 税务筹划的方法

进行税务筹划一定要掌握一定的方法。下面是税务筹划的几种简要方法。

① 价格转让法：是指两个或两个以上有经济利益联系的经济实体为满足更多的经济利益和共同获取更多利润，以内部价格进行销售活动的方法。

② 成本（费用）调整法：在税收法律制度允许的范围内，通过对成本（费用）进行合理的调整或分配，抵销收益、减少利润，以达到规避纳税义务的方法。

③ 融资法：利用融资技术使企业达到最大获利水平和使税负最轻的方法。

④ 低税区避税法：利用低税区税率较低、税收优惠政策多、税负较轻的特点来避税的方法。

⑤ 集团法：通过股权架构，组建集团，对不同业务线的公司进行安排，达到

降低企业所得税和个人所得税的目的。

提示：税务筹划往往不单纯靠纳税人的主观意识或主观动机就能实现，它往往还需要依靠税法、税制的完善程度及税收政策导向的合理性、有效性等客观条件才能得以实现。

1.4 财税小点拨——和税务局打交道

税务会计利用税法为企业节税是做好本职工作的一项重要内容，但更重要的是在与税务局打交道的过程中，恰当地处理好与税务局的关系。很多会计人员最担心的就是接税务人员的电话，觉得税务人员一来电话就是出问题了。而且面对税务人员时，税务会计也常常会把税务人员和自己自动归类为管理与被管理、上层与下层的关系。其实这大可不必，税务会计应该摆正心态，以双方平等的心理相处。

如何与税务人员打好交道？以下几点可供读者参考。

① 从事会计工作，要熟悉国家有关的税收政策和法律法规条款，了解的知识越多，产生的问题就会相对较少。在网络普及的今天，很多问题都可以用网络来解决，不用事事都问税务人员。如果有问题需要向税务人员请教，也应了解相关知识，事先有所准备。几个重要的税种，如生产企业的增值税、房地产企业的土地增值税、房产税、企业所得税、个人所得税等都是必须要掌握的。

② 对当地主管税务部门的办事流程要熟悉。税务、财政等政府单位，往往办事时需要携带的资料与要走的流程繁多。熟悉办事流程，能避免很多来回路途带来的不便和时间消耗。

③ 面对税务人员时应相互尊重。俗话说“伸手不打笑脸人”，在与税务人员接触时，尽量嘴甜一些，微笑多一点，对他们表示足够的尊重；同时，也不能觉得自己低人一等，应端正态度，在日常工作中尽量配合好他们的工作，这样才能为双方建立友好关系奠定基础。

④ 遇到涉税问题不要一开始就认为是税务人员刁难，应尽可能地以互相探讨业务的态度与税务人员沟通。财务人员只需关注某个企业或行业的税收政策，而税务人员需要面对的则是所有的税收政策，所以，就算有理由认为税务人员的观点错误，也应该尽可能地与其耐心沟通，解决问题。

⑤ 多与直属管辖本企业的税务人员（税务专管员）接触并向其请教，增进了解，不要有事情才找税务局。

第 2 章 增值税

增值税在我国于 1979 年开始试点，先后于 1984 年和 1993 年进行了两次重要改革，并于 1994 年 1 月 1 日起在全国范围内全面推行。增值税的税收收入占我国全部税收收入的 60%以上，是我国的第一大税种，也是会计人员在执业过程中必须学习和掌握的一个税种。增值税的会计处理相对于其他税种较为复杂，所需掌握的知识点也非常多。本章将对增值税的相关知识进行介绍。通过本章的学习，读者应能理解和掌握我国增值税的基础知识、计算方法、会计处理和纳税申报等内容。

2.1 增值税的基础知识

2024 年 12 月 25 日，十四届全国人大常委会第十三次会议表决通过了《中华人民共和国增值税法》(以下简称“增值税法”)，自 2026 年 1 月 1 日起施行，届时，自 1994 年起施行了 32 年的《中华人民共和国增值税暂行条例》(简称《增值税暂行条例》) 将同步废止。

2.1.1 增值税简述

(1) 增值税的含义

增值税属于流转税的一种，它是以商品生产和流通、劳务服务等各个流转环节中所产生的增值额作为计税依据而征收的一种税收。在我国税法的规定中，增值税是对在我国境内销售货物或提供加工、修理修配劳务以及进口货物的企业单位和个人，就其货物销售或提供劳务的增值额，以及货物进口金额为计税依据而课征的一种流转税。

(2) 增值税的特点

增值税作为我国的一大税种，具有如下特点。

① 普遍征收：其征税范围面向商品增值的各个生产流通环节，对在我国从事商品生产经营和提供劳务的所有单位和个人都进行征收。

② 保持税收中性：也就是说，同种产品只要最终的增值额相同，那么它们的税负与其流转环节的多少没有关系，最终税负也相同。

【例 2-1】 有 A、B 两种商品经过的流转环节如表 2-1 所示，假定增值税的税率均为 13%，计算两种商品的总体税负。

表 2-1 税负对比

商品 A				商品 B			
流转环节	销售额	增值额	增值税额	流转环节	销售额	增值额	增值税额
1. 生产原材料	200	200	26	1. 生产原材料	200	200	26
2. 生产半成品	400	200	26	2. 生产半成品	400	200	26
3. 生产产成品	700	300	39	3. 生产产成品	700	300	39
4. 批发	900	200	26	4. 批发	900	200	26
5. 零售	1200	300	39	5. 代理零售	1000	100	13
—	—	—	—	6. 最终零售	1200	200	26
合计		1200	156			1200	156

从表 2-1 中可以看出，两种商品虽然经过的流转环节不同，但因为两者的最终增值额都为 1200 元，所以，它们的税负相同，都为 156 元。

③ 实行税款抵扣制度：商品新增价值或商品附加值在商品生产和流通过程中往往难以准确计算，因此，在计算企业应纳税款时，采取扣除商品在以前生产环节已负担的税款的方法，避免重复征税。

④ 实行价外税及比例税率：增值税计算依据的销售额是不包含增值税税额的，同时为了贯彻征收简便易行的原则，普遍实行比例税率。

⑤ 税收负担最终的承担者是商品消费者：增值税属于间接税，具有转嫁的性质，企业主在销售商品时通过价格将税负转嫁给下一流通环节，最后由最终消费者承担。

（3）增值税的类型

按照增值税的定义，理论上，增值税的计税依据应是商品、劳务的增值额，但各国在实际执行中，法定增值额与理论增值额往往不一致，主要的区别就在于对购入的增值税是否允许抵扣的处理上。

按照扣除项目中对外购资产的处理方式，增值税分为生产型增值税、收入型增值税和消费型增值税三种类型，它们各自的特点与法定增值额的内容如表 2-2 所示。

提示：我国在 1994 年至 2008 年这一阶段，实行的是生产型增值税；从 2009 年 1 月 1 日起转型实行消费型增值税，允许将购置物质资料的价值和用于生产、经营的资产价值中所含的税款，在购置当期全部一次性扣除。

表 2-2　增值税的类型

类型	特点	法定增值额
1. 生产型增值税	不扣除购入资产价值中所含的增值税款，生产经营过程中固定资产磨损的那部分转移价值（折旧）也不考虑	等于“工资 + 租金 + 利息 + 利润 + 折旧”
2. 收入型增值税	可以按照磨损程度相应地扣除购入固定资产价值中所含的增值税款	类似国民收入
3. 消费型增值税	允许在购置当期全部一次扣除购置物质资料的价值和用于生产、经营的固定资产价值中所含的增值税款	课税对象仅限于当期生产销售的所有消费品，不包括生产资料部分

（4）增值税的纳税地点

① 固定业户应当向其机构所在地或者居住地主管税务机关申报纳税。总机构和分支机构不在同一县（市）的，应当分别向各自所在地的主管税务机关申报纳

税；经财政部和国家税务总局或者其授权的财政和税务机关批准，可以由总机构汇总向总机构所在地的主管税务机关申报纳税。

② 非固定业户应当向应税行为发生地主管税务机关申报纳税；未申报纳税的，由其机构所在地或者居住地主管税务机关补征税款。

③ 其他个人提供建筑服务，销售或者租赁不动产，转让自然资源使用权，应向建筑服务发生地、不动产所在地、自然资源所在地主管税务机关申报纳税。

④ 扣缴义务人应当向其机构所在地或者居住地主管税务机关申报缴纳扣缴的税款。

2.1.2 增值税的纳税义务人

在前面增值税的含义中已经阐明，增值税的纳税范围是对在我国境内销售货物、服务、无形资产、不动产以及进口货物的单位和个人征税。但这仅仅是增值税纳税范围的一部分。这些单位和个人属于增值税的纳税义务人，在我国又将他们进行了怎样的区分呢？

增值税的纳税人是在我国境内销售货物、服务、无形资产、不动产以及进口货物的单位和个人。

注：单位是指企业（国有企业、集体企业、私有企业、股份制企业、外商投资企业、外国企业、其他企业等）、行政单位、事业单位、军事单位、社会团体和其他单位。

个人是指个体工商户和其他自然人。

单位以承包、承租、挂靠方式经营的，承包人、承租人、挂靠人（以下统称承包人）以发包人、出租人、被挂靠人（以下统称发包人）名义对外经营并由发包人承担相关法律责任的，以该发包人为纳税人。否则，以承包人为纳税人。

为了便于增值税的征收管理并简化计税方法，我国将增值税纳税人划分为小规模纳税人与一般纳税人，这也是我国增值税的特点之一。两者按会计核算水平和经营规模的不同进行划分，分别采取不同的增值税计税方法，它们各自的认定标准如表 2-3 所示。

表 2-3 纳税人认定标准

纳税人	认定标准	
	小规模纳税人	一般纳税人
1. 从事货物生产或者提供应税服务的纳税人，以及以从事货物生产或者提供应税服务为主，并兼营货物批发或者零售的纳税人	年度应纳税销售额在 500 万元以下	年度应纳税销售额在 500 万元以上

续表

纳税人	认定标准	
	小规模纳税人	一般纳税人
2. 年应税销售额超过小规模纳税人标准的其他个人	按小规模纳税人纳税	—
3. 非企业性单位、不经常发生应税行为的企业	可选择按小规模纳税人纳税	—

年应税销售额未超过规定标准（500 万元）的纳税人，会计核算健全，能够提供准确税务资料的，可以向主管税务机关办理一般纳税人资格登记，成为一般纳税人。会计核算健全，是指能够按照国家统一的会计制度规定设置账簿，根据合法、有效的凭证核算。

除国家税务总局另有规定外，纳税人一经登记为一般纳税人后，不得转为小规模纳税人。

符合一般纳税人标准的纳税人，应当向其机构所在地主管税务机关办理一般纳税人登记手续。

纳税人需要办理一般纳税人登记的，要向主管税务机关填报《增值税一般纳税人登记表》，如实填写固定生产经营场所等信息，并提供税务登记证件。

新办小型商贸企业自税务登记之日起，一年内实际销售额达到 180 万元，方可申请一般纳税人资格认定，在认定一般纳税人之前一律按小规模纳税人管理。

注：

增值税的扣缴义务人：中华人民共和国境外单位或者个人在境内发生应税行为，在境内未设有经营机构的，其应纳税款以境内代理人为扣缴义务人；在境内没有代理人的，以购买者为扣缴义务人。

境外单位或者个人在境内销售服务、无形资产或者不动产，在境内未设有经营机构的，以购买方为增值税扣缴义务人。财政部和国家税务总局另有规定的除外。

2.1.3 增值税的纳税范围及税率

2.1.3.1 增值税的纳税范围

根据《增值税暂行条例》的规定，可以将增值税的纳税范围分为一般规定和特殊规定。

注：《中华人民共和国增值税法》于 2026 年 1 月 1 日起实施。

（1）纳税范围的一般规定

根据增值税的含义，增值税征税范围的一般规定包括销售或进口货物，销售服务、无形资产、不动产等。

① 销售货物。货物，是指有形动产，包括电力、热力和气体。

② 进口货物。进口货物，是指申报进入我国海关境内的货物。

③ 销售服务。销售服务有 7 大类：交通运输服务、邮政服务、电信服务、建筑服务、金融服务、现代服务、生活服务。

④ 销售无形资产。销售无形资产，是指有偿转让无形资产所有权或者使用权的业务活动。

⑤ 销售不动产。销售不动产，是指有偿转让不动产所有权的业务活动。

（2）纳税范围的特殊规定

增值税纳税范围的特殊规定包括纳税范围的特殊项目和纳税范围的特殊行为。

① 纳税范围的特殊项目。

a. 货物期货，在期货实物交割环节征收增值税；

b. 银行销售金银的业务，应当征收增值税；

c. 典当业的死当物品销售业务和寄售业代委托人销售寄售物品的业务，应按规定征收增值税；

d. 集邮商品的生产、调拨、销售，均征收增值税（邮政部门销售集邮商品也按规定征收）。

② 纳税范围的特殊行为。

视同销售行为：

a. 单位和个体工商户无偿转让货物（用于公益事业或者以社会公众为对象的除外）；

b. 单位和个人无偿转让无形资产、不动产或者金融商品（用于公益事业或者以社会公众为对象的除外）。

注：新《增值税法》将视同销售情形缩减至 2 项。

混合销售行为：

混合销售行为，是指一项销售行为既涉及货物又涉及服务。

a. 从事货物的生产、批发或者零售的单位和个体工商户的混合销售行为，按照销售货物缴纳增值税；

b. 其他单位和个体工商户的混合销售行为，按照销售服务缴纳增值税。

兼营行为：

兼营行为，是指纳税人的经营范围既包括销售货物和劳务，又包括销售服务、无形资产或者不动产。

纳税人兼营不同税率的项目，应当分别核算不同税率项目的销售额；未分别核算销售额的，从高适用税率。

2.1.3.2 税率及征收率

增值税采用比例税率计税，它具有税收中性，对不同的行业和不同的企业都避免重复征税。我国将增值税纳税人分为一般纳税人和小规模纳税人，对这两类不同的纳税人采用不同的税率；同时，为了照顾一些比较特殊的行业或产品，又在原有单一税率（基本税率）的基础上实行低税率和零税率的政策。

税率：

自 2017 年 7 月 1 日至 2019 年 4 月 1 日，经过多次税率下调后，我国增值税开始采用 13%、9%、 6% 三档税率和零税率的形式。

（1）基本税率

增值税的基本税率为 13%，纳税人销售货物、加工修理修配服务、有形动产租赁服务、进口货物适用此税率。

（2）低税率

我国现行增值税低税率主要有 9% 和 6% 两档。

① 纳税人提供交通运输、邮政、基础电信、建筑、不动产租赁服务，销售不动产，转让土地使用权，适用 9% 增值税税率。

② 纳税人销售或者进口特定货物，适用 9% 增值税税率，特定货物如下：

a. 农产品、食用植物油、食用盐；

b. 自来水、暖气、冷气、热水、煤气、石油液化气、天然气、二甲醚、沼气、居民用煤炭制品；

c. 图书、报纸、杂志、音像制品、电子出版物；

d. 饲料、化肥、农药、农机、农膜。

③ 增值税一般纳税人销售增值电信服务、金融服务、现代服务（租赁服务除外）、生活服务、无形资产（不含土地使用权），适用 6% 增值税税率。

（3）零税率

除国务院另有规定外，我国纳税人出口货物实行零税率；

境内单位和个人跨境销售国务院规定范围内的服务、无形资产，税率为零。

有些人往往将零税率与“免税”等同起来，其实两者是有区别的：出口货物免税是指不征收出口环节的增值税；而零税率除了出口环节不征税外，还需要将货物出口前已经缴纳的增值税进行退税，使产品在出口时完全不含增值税税款。

提示：在我国，不是所有出口产品都实行零税率，如国家禁止出口的货物和纳税人出口的原油、援外出口货物等就应按规定缴纳增值税。

征收率：

我国对小规模纳税人采用简易征收办法，它所适用的税率称为征收率。

（1）基本征收率

小规模纳税人征收率一般规定为 3%。

提示：目前，我国增值税征收率主要有两档，即 3% 和 5%。

另外还有三档特殊优惠政策下的征收率：

a. 3% 征收率减按 2% 征收；

b. 5% 征收率减按 1.5% 征收；

c. 0.5% 征收率。

注：为进一步支持小微企业和个体工商户发展，根据《财政部 税务总局关于增值税小规模纳税人减免增值税政策的公告》（财政部 税务总局公告 2023 年第 19 号）：自 2023 年 1 月 1 日至 2027 年 12 月 31 日，对月销售额 10 万元以下（含本数）的增值税小规模纳税人，免征增值税；增值税小规模纳税人适用 3% 征收率的应税销售收入，减按 1% 征收率征收增值税；适用 3% 预征率的预缴增值税项目，减按 1% 预征率预缴增值税。

（2）特定征收率

对于下列货物使用特定的征收率：

① 纳税人销售自己使用过的物品：

a. 一般纳税人销售自己使用过的属于 2008 年 12 月 31 日以前未抵扣进项税额的固定资产，按简易办法依 3% 征收率减按 2% 征收增值税；

b. 一般纳税人销售自己使用过的 2009 年 1 月 1 日以后购进或自制的固定资产，按照适用税率征收增值税；

c. 一般纳税人销售自己使用过的除固定资产以外的物品，按适用税率征收增值税；

d. 小规模纳税人销售自己使用过的除固定资产以外的物品，应按 3% 的征收率征收增值税。

提示：

增值税一般纳税人销售自己使用过的固定资产，属于以下两种情形的，可按简易办法依 3% 征收率减按 2% 征收增值税，同时不得开具增值税专用发票；也可选择放弃减税，依照 3% 征收率缴纳增值税，并可开具增值税专用发票：

纳税人购进或者自制固定资产时为小规模纳税人，认定为一般纳税人后销售该固定资产；增值税一般纳税人发生按简易办法征收增值税应税行为，销售其按照规定不得抵扣且未抵扣进项税额的固定资产。

上述内容概括为表 2-4。

表 2-4　特定货物销售征收率

<table>
<tr><th>纳税人</th><th>销售情形</th><th>税务处理</th><th>税额计算</th><th>备注</th></tr>
<tr><td rowspan="3">一般纳税人</td><td>销售自己使用过的在本地区扩大增值税抵扣范围以前购进、自制的固定资产</td><td>根据简易办法：按照 3% 征收率减按 2% 征收增值税</td><td>销售额 = 含税销售额 ÷（1+3%）
应纳税额 = 销售额 ×2%</td><td>进项税未抵扣</td></tr>
<tr><td>销售自己使用过的在本地区扩大增值税抵扣范围以后购进、自制的固定资产</td><td rowspan="2">按正常销售货物的售价以及相对应的税率征收增值税</td><td rowspan="2">增值税 = 售价 ÷（1+13%）×13%</td><td rowspan="2">进项税已抵扣</td></tr>
<tr><td>销售自己使用过的物品（非固定资产）</td></tr>
<tr><td rowspan="2">小规模纳税人（除其他个人外）</td><td>销售自己使用过的固定资产</td><td>根据简易办法：按照 3% 征收率减按 2% 征收增值税</td><td>销售额 = 含税销售额 ÷（1+3%）
应纳税额 = 销售额 ×2%</td><td>—</td></tr>
<tr><td>销售自己使用过的物品（非固定资产）</td><td>按售价与 3% 的征收率征收增值税</td><td>增值税 = 售价 ÷（1+3%）×3%</td><td>—</td></tr>
</table>

② 纳税人销售旧货，按照简易办法依照 3% 征收率减按 2% 征收增值税。

注意：这里的旧货与第①点中的自己使用过的物品不同，它是指进入二次流通的具有部分使用价值的货物，比如旧汽车、旧游艇等。

③ 一般纳税人销售自产的如下货物，按简易办法依照 3% 征收率计税：

a. 小型水力发电单位（县级及县级以下）生产的电力；

b. 建筑用和生产建筑材料用的砂、土、石料；

c. 以自己采掘的砂、土、石料或其他矿物连续生产的砖、瓦、石灰；

d. 用微生物、微生物代谢产物、动物毒素、人或动物的血液或组织制成的生物制品；

e. 自来水；

f. 商品混凝土。

④ 一般纳税人销售下列货物的，暂按简易办法依照 3% 的征收率计算缴纳增值税：

a. 寄售商店代销寄售物品（包括居民个人寄售的物品在内）；

b. 典当业销售死当物品；

c. 销售旧货（不再划分销售者是否为内贸部批准认定的旧货调剂试点单位）；

d. 经国务院或国务院授权机关批准的免税商店零售的免税货物。

2.1.4 增值税的税收优惠

2.1.4.1 免征项目

① 农业生产者销售的自产农产品，农业机耕、排灌、病虫害防治、植物保护、农牧保险以及相关技术培训业务，家禽、牲畜、水生动物的配种和疾病防治；

② 医疗机构提供的医疗服务；

③ 古旧图书，自然人销售的自己使用过的物品；

④ 直接用于科学研究、科学试验和教学的进口仪器、设备；

⑤ 外国政府、国际组织无偿援助的进口物资和设备；

⑥ 由残疾人的组织直接进口供残疾人专用的物品，残疾人个人提供的服务；

⑦ 托儿所、幼儿园、养老机构、残疾人服务机构提供的育养服务，婚姻介绍服务，殡葬服务；

⑧ 学校提供的学历教育服务，学生勤工俭学提供的服务；

⑨ 纪念馆、博物馆、文化馆、文物保护单位管理机构、美术馆、展览馆、书画院、图书馆举办文化活动的门票收入，宗教场所举办文化、宗教活动的门票收入；

⑩ 对承担粮食收储任务的国有粮食购销企业销售的粮食免征增值税（自2014年5月1日起，对承担粮食收储任务的国有粮食购销企业销售的粮食增值税免税政策适用范围由粮食扩大到粮食和大豆，并可对免税业务开具增值税专用发票）；

⑪ 对政府储备食用植物油的销售免征增值税；

⑫ 对销售饲料、蔬菜在流通环节免征增值税；

⑬ 对供热企业向居民个人供热而取得的采暖费收入免征增值税；

⑭ 对个人转让著作权，纳税人提供技术转让、技术开发和与之相关的技术咨询、技术服务免征增值税；

⑮ 对个人销售自建自用住房免征增值税，涉及家庭财产分割的个人无偿转让不动产、土地使用权免征增值税。

注：增值税免征项目涉及范围广，特别是很多项目是在特定期限内免征，故在此不一一列举。

2.1.4.2 即征即退

（1）安置残疾人

对安置残疾人的单位和个体工商户，由税务机关按纳税人安置残疾人的人数，限额即征即退增值税。

除盲人按摩机构外，纳税人月安置的残疾人占在职职工人数的比例不低于25%（含25%），并且安置的残疾人人数不少于10人（含10人）；盲人按摩机构月安置的残疾人占在职职工人数的比例不低于25%（含25%），并且安置的残疾人人数不少于5人（含5人）。

（2）飞机维修劳务

对飞机维修劳务增值税实际税负超过6%的部分即征即退。

（3）软件产品

增值税一般纳税人销售其自行开发生产的软件产品，按13%的税率征收增值税后，对其增值税实际税负超过3%的部分实行即征即退政策。

（4）管道运输服务

一般纳税人提供管道运输服务，对其增值税实际税负超过3%的部分实行增值税即征即退政策。

（5）有形动产融资租赁和融资性售后回租服务

经批准从事融资租赁业务的一般纳税人，提供有形动产融资租赁服务和有形动产融资性售后回租服务，对其增值税实际税负超过3%的部分实行增值税即征即退政策。

（6）风力发电

纳税人销售自产的利用风力生产的电力产品，实行增值税即征即退50%的政策。

2.2　生产加工企业增值税的计算

前面讲过，增值税以增值额为计税基础，以增值额乘以适用税率或征收率来计算应缴纳的增值税额，增值税的特点之一是实行税款抵扣制度，一般纳税人和小规模纳税人实行两种不同的征收管理办法……如何根据这些知识，计算出准确的应纳增值税额，将是本节所要讲述的内容，也是读者必须掌握的知识重点。本书暂不单独说明进出口生产加工企业的增值税相关的计算及会计处理，此部分资料将作为拓展资料随书附赠。

2.2.1　增值税的计税方法

增值税的增值额因为计算方法的不同，可以分为直接计税法和间接计税法。直接计税法是按照规定直接计算出应税货物或劳务的增值额，再据以计算应纳税额的方法。直接计税法在实际运用中很少采用，因此，本书不做详细介绍。

间接计税法是目前大多数国家采用的计税方法。间接计税法又分为间接加法和间接减法。

（1）间接加法

间接加法是将各项增值项目分别乘以适用税率，再相加求出应纳税增值额。这种方法在实际运用中比较复杂，因此也极少被运用。

（2）间接减法

间接减法简便易行，它是先由纳税人用纳税期内销售应税货物（或劳务）的销售额乘以适用税率，求出销项税额，然后扣除购进货物或劳务的进项税额，其余税额作为纳税人应纳增值税额的方法。计算公式为：

应纳增值税额 = 销项税额 − 进项税额

我国实际征收工作中，采用以票抵扣法，在增值税专用发票或其他合法扣税凭证上注明税款合计进行抵扣来计算应纳增值税额。目前，增值税专用发票包括增值税纸质专用发票和增值税电子专用发票等。

注：根据国家税务总局2024年1月15日发布的《国家税务总局关于修改〈中华人民共和国发票管理办法实施细则〉的决定》，自2024年3月1日起，电子发票与纸质发票具有同等法律效力，任何单位和个人不得拒收电子发票。目前，部分地区和机构已经停止开具纸质增值税发票，转而使用电子发票，包括电子普通发票和电子专用发票。随着全电发票的普及，纸质发票的取消成为必然趋势。

从上述公式可以看出，纳税人应纳增值税额的计算要求先计算出销项税额和进项税额，两者进行扣减后才能得出准确的应纳增值税额，下面将介绍公式中各个项目的计算方法。

2.2.2 销项税额的计算

纳税人在销售货物或提供应税劳务时，按照规定将销售额或提供应税劳务收入乘以规定税率计算，并向购货方收取的增值税税额叫作销项税额，它的计算公式如下：

一般纳税人销项税额 = 销售额 × 适用税率

2.2.2.1 销售额的确认

我国增值税税率基本实行单一税率，因此在销项税额的计算中税率不难确定，而另一个因素"销售额"则是销项税额计算的关键。企业货物的销售方式多种多样，对于不同的销售方式，其销售额又该如何确认呢?

（1）一般销售方式下的销售额

销售额是指纳税人销售货物或提供应税劳务时向购买方收取的全部价款和价外费用。价外费用是指销货方价外向购买方收取的手续费、违约金、滞纳金、延期付款利息、赔偿金、包装费、包装物租金、运输装卸费、代收代垫款项及其他各种性质的价外收费。

但销售额中不包括以下项目：

① 应征消费税的消费品中所包含的受托加工代收代缴的消费税。

② 同时满足下列条件的代垫运费：

a. 承担运输方的运费发票开具给购货方的；

b. 纳税人将该项发票转交给购货方的。

③ 符合条件代为收取的政府性基金或者行政事业性收费。

④ 销售货物的同时代买方办理保险等而向购买方收取的保险费，以及代买方办理相关手续而向购买方收取的车辆购置税、车辆牌照费。

注意：增值税一般纳税人向购买方收取的价外费用应视为含税收入，在计算税金时应换算成不含税收入再并入销售额。

（2）特殊销售方式下的销售额

在企事业单位实际的销售活动中，往往采用多种销售方式来吸引买家，针对这些不同的销售方式，其销售额的取得会各有不同，针对这些特殊销售方式的销售额确认，税法上有明确的规定。

① 折扣销售：销货方给予购货方相应的价格优惠或补偿等折扣、折让可以从销售额中扣除，但如果销售者将自产、委托加工和购买的货物用于实物折扣，应按视同销售中的“无偿赠送”进行处理。

② 销售折扣（现金折扣）：销售折扣是企业的一种融资行为，它所发生的折扣额不得从销售额中减除。

③ 销售折让：销售折让是销售方因产品品种、质量等问题给购货方的一种价格折让或补偿，其折让额可以从销售额中减除。

提示：在学习上述三种特殊销售方式时，应从三种折扣折让方式的概念上进行理解。

折扣销售又可以叫作商业折扣，是销货方在销售货物或应税劳务时，因购货方购货数量较大等原因而给予购货方的价格优惠，如买够 10 件商品，销售价格按 9 折优惠；销售折扣又称作现金折扣，是销货方在销售货物或应税劳务后，为了鼓励购货方早日付款而给予购货方的一种折扣优待，如 10 天内付款，货款折扣 2%，这相当于企业的一种融资理财行为；销售折让是指货物销售后，由于产品品种、质量等原因，购货方未退货，由销售方给予一定价格折让的方式。

④ 以旧换新销售：应按新货物（金银首饰除外）的同期销售价格确定销售额，不得扣减旧货物的收购价格。

【例 2-2】 百货超市为一般纳税人，采取以旧换新方式向消费者销售彩电 200 台，新彩电每台零售价 3000 元，旧彩电每台作价 500 元，每台彩电取得差价款 2500 元。请计算该家超市以旧换新销售彩电的增值税。

分析：

按照税法规定，以旧换新销售应按新货物的销售价格确定销售额，不得扣减旧货物的收购价格，因此，应按每台彩电 3000 元的售价进行计税：

销项税额 = 销售额 × 适用税率

=200×3000 ÷（1+13%）×13%=69026.55（元）

=6.9027（万元）

注意：金银首饰的以旧换新业务，可以按销售方实际收取的不含增值税的全部价款征收增值税。

⑤ 还本销售：这种销售方式是以货物换取资金的使用价值、到期还本不付息的一种筹资方式，它是指纳税人在销售货物后，到一定期限由销售方一次或分次退还给购货方全部或部分价款。还本销售货物的销售额就是货物的销售价格，不得从销售额中减除还本支出。

⑥ 以物易物销售：购销双方以同等价款的货物进行结算、实现货物购销的一种方式，双方均作购销处理，以各自发出的货物核算销售额并计算销项税额，以各自收到的货物核算购货额并计算进项税额。

⑦ 包装物押金：

a. 销售货物收取的包装物押金，如果单独记账核算，时间在 1 年以内，又未过期的，在会计处理上不作为销售额征税。（但酒类产品应区分类别：啤酒、黄酒按前述根据是否逾期处理，除啤酒、黄酒以外的其他酒类产品收取的押金，无论是否逾期，一律并入销售额征税。）

b. 因逾期（以 1 年为限）未收回且不再退还的押金，应并入销售额征税。包装物押金视为含税，将其换算成不含税销售额后乘以包装货物适用税率计税。

【例 2-3】 酒厂为一般纳税人，在 2024 年 6 月销售啤酒收取包装物押金 2 万元，销售白酒收取包装物押金 3 万元，本月（2025 年 7 月）均已逾期，请计算本月本题中的包装物销项税额。

分析：黄酒、啤酒销售所收取的押金根据一般押金的规定按是否逾期处理，而除此以外的其他酒类产品销售时收取的包装物押金不论是否返还以及会计上如何处理，均应并入当期销售额征税。可见，白酒押金 3 万元于当时（2024 年 6 月）就已计算销项税额，2025 年 7 月应计算的包装物销项税额为啤酒包装物的逾期押金 2 万元。

包装物销项税额 =2 ÷（1+13%）×13%=0.23（万元）

⑧ 视同销售货物行为的销售额确定，应按正常销售价格来定，如果存在无销售额的，按下列顺序确定销售额：

a. 按纳税人最近时期同类货物平均售价；

b. 按其他纳税人最近时期同类货物平均售价；

c. 按组成计税价格。

组成计税价格 = 成本 ×（1+ 成本利润率）

提示：如果纳税人销售货物或应税劳务的价格明显偏低且无正当理由的，也可以由主管税务机关按以上次序核定其销售额。

2.2.2.2 含税销售额的换算

增值税实行的是价外税，以不含增值税的销售额作为计税销售额，因此，为了避免重复计税，在计算增值税税额时应分清楚销售额是否含税，对于含税的销售额应换算为不含税销售额进行计税，避免出现增值税销售额本身的重复征税现象。

一般纳税人销售额换算公式：

（不含税）销售额 = 含税销售额 ÷（1+ 增值税税率）

小规模纳税人销售额换算公式：

（不含税）销售额 = 含税销售额 ÷（1+ 增值税征收率）

在实际工作中，如果出现价格是否含税不明确的情况，通常可以通过以下几点来判断：

① 通过看发票来判断（如果是普通发票要换算）；

② 分析行业（零售行业的售价含税要换算）；

③ 分析业务（价外费用、建筑业总承包额中的自产货物要换算）。

【例 2-4】 某企业为一般纳税人，2025 年 7 月向小规模纳税人销售商品一批，开具普通发票。发票上注明交易额为 10 万元，请计算该笔交易企业的销项税额。

分析：一般纳税人向小规模纳税人销售产品开具的普通发票，其销售额为含税销售额，在计算应纳税额时，应进行换算。

不含税销售额 =10 ÷（1+13%）= 8.8496（万元）

销项税额 =8.8496×13% =1.1504（万元）

2.2.3 进项税额的计算

与销项税额相对应的就是企业的进项税额，在开具增值税专用发票的情况下，销货方的销项税额就是购买方的进项税额。增值税的计算是以纳税人收取的销项税额扣减进项税额，以余额作为实际应缴纳的增值税税额。

我国对于与销售产品销售额之间可配比的进项税额予以抵扣，但一些特殊情况，如纳税人购进货物或接受劳务不是用于增值税应税项目的，其支付的进项税额是不能从销项税额中抵扣的。因此，对于进项税额的计算，弄清楚哪些进项税额可以抵扣、哪些不能抵扣是关键。

（1）准予抵扣进项税额的确认

按规定，准予抵扣的进项税额具体如下：

① 从销售方取得的增值税专用发票上注明的增值税额。

② 从海关取得的海关进口增值税专用缴款书上注明的增值税额。

③ 购进或销售货物发生运费，取得运输发票的，可抵扣 9% 的进项税额。计算公式为：

进项税额 = 运输费用金额 × 扣除率（9%）

注意：运输发票中可以计算抵扣的进项税额是指运费单据上注明的运输费用和建设基金，不包括装卸费、保险费等其他杂费，而且一般纳税人取得的国际货物运输代理业发票和国际货物运输发票，不得计算抵扣进项税额。

④ 一般纳税人购进的免税农产品，可以按收购发票或销售发票上注明的买价乘以 9% 计算扣税，其中所指的农产品是指直接从事植物种植、收割和动物饲养、捕捞的单位和个人销售的自产的并且是免征增值税的农业产品。计算公式为：

进项税额 = 买价 × 扣除率（9%）

免税农产品中的烟叶属于特殊规定，它的买价包含烟叶收购价格，且纳税人按规定缴纳的烟叶税准予并入买价计算抵扣进项税额：

烟叶收购金额 = 收购价款 ×（1+10%）（10% 为价外补贴）

应纳烟叶税税额 = 收购金额 ×20%

烟叶进项税额 =（收购金额 + 烟叶税）×9%

以上准予从销项税额中抵扣的进项税额可以总结为表 2-5。

注：烟叶税是以纳税人收购烟叶的收购金额为计税依据征收的一种税。此处烟叶，是指晾晒烟叶、烤烟叶。烟叶税实行比例税率，税率为 20%。烟叶税由地方税务机关征收。

表 2-5　准予抵扣的进项税额

分类	扣税方法	备注
以票抵税	从销售方取得的增值税专用发票上注明的增值税额； 从海关取得的完税凭证上注明的增值税额	—
计算抵税	外购免税农产品：进项税额 = 买价 ×9%	买价为纳税人购进免税农产品时支付的价款
	外购运输劳务：进项税额 = 运输费用 ×9%	买价包含单据上注明的运费和建设基金，不包括装卸费、保险费等

【例 2-5】　企业为一般纳税人，2024 年 7 月从农业生产者手中购进免税农产品一批，收购凭证上注明金额是 30000 元，另支付 2000 元运费，取得货运发

票。请计算该笔业务中可抵扣的进项税额。

分析：

外购免税农产品及外购运输劳务都属于计算抵税的范围，上述例题中的进项税额计算如下：

进项税额 =30000×9%＋2000×9%=2880（元）

应计入采购的成本 =30000×（1−9%）+2000 ×（1−9%）=29120（元）

（2）不得从销项税额中抵扣的进项税额

纳税人取得的增值税专用发票、海关进口增值税专用缴款书、农产品收购发票及运费发票，不符合规定的不予以从销项税额中抵扣。另外，国家对一些项目的进项税额也有不予抵扣的规定：

① 用于非增值税应税项目、免征增值税项目、集体福利或者个人消费的购进货物或者应税劳务；

② 因管理不善造成被盗、丢失、损毁等非正常损失的购进货物及相关应税劳务，以及非正常损失的在产品、产成品所耗用的购进货物或应税劳务；

③ 国务院财政、税务主管部门规定的纳税人自用消费品；

④ 前述各项中规定的货物的运输费用和销售免税货物的运输费用；

⑤ 一般纳税人兼营免税项目应分开核算各自的进项税额，如果无法划分，可按照下面的公式进行不得抵扣进项税额的计算。

不得抵扣的进项税额 = 无法划分的全部进项税额 × 免征增值税项目的销售额 ÷ 全部收入

【例 2-6】 企业于 2025 年 7 月月末盘点时发现，上月从农民手中购进的粮食（库存账面成本为 87000 元，已申报抵扣进项税额）发生霉烂，使账面成本减少 27030 元（包括运费成本 930 元）。计算因此造成的不得抵扣的进项税额。

分析：本题中粮食霉烂变质属于因管理不善而发生的非正常损失，其购进货物及货物的运输费都不得从销项税额中抵扣。

不得抵扣的进项税额（进项税额转出）=（27030−930）÷（1−9%）×9%+930 ÷（1−9%）×9%=2673.3（元）

2.2.4 应纳税额的计算

在计算出纳税人销项税额和进项税额后，根据销项减进项的公式即可以得出纳税人的应纳税额。但在确定应纳税额之前，有几个时间限定需要读者掌握，这样才能准确地计算当期纳税人应缴纳的增值税额。税法规定，只有在纳税期限内实际发生的销项税额、进项税额才是法定的当期销项税额和当期进项税额，因此“当期”的时间限定显得极为重要。

（1）销项税额的时间限定

销项税额的确定与销售额的确定关系极为紧密，企业应遵循税法规定的纳税义务发生时间确认销售额。销售货物或应税劳务的纳税义务发生时间可以分为一般规定和具体规定，总结如表 2-6 所示。

表 2-6　销售额纳税义务发生时间确认表

类别	税法规定
一般规定	1. 纳税人销售货物或应税劳务，收讫销售款项或者取得索取销售款项凭证的当天为纳税义务发生时间，先开具发票的，为开具发票的当天
	2. 纳税人进口货物，以报关进口的当天为其纳税义务发生时间
	3. 增值税纳税义务发生的当天为扣缴义务发生时间
具体规定	1. 采取直接收款方式销售货物，均以收到销售款或者取得索取销售款凭据的当天为纳税义务发生时间，而不论货物是否发出
	2. 采取托收承付和委托银行收款方式销售货物，以发出货物并办妥托收手续的当天为纳税义务发生时间
	3. 采取赊销和分期收款方式销售货物，其纳税义务发生时间为书面合同约定的收款日期的当天，无书面合同的或者书面合同没有约定收款日期的，纳税义务发生时间为货物发出的当天
	4. 采取预收货款方式销售货物的纳税义务发生时间，为货物发出的当天；生产工期超过 12 个月的大型机械设备、船舶、飞机等货物，以收到预收款或者书面合同约定的收款日期的当天作为纳税义务发生时间
	5. 委托其他纳税人代销货物，其纳税义务发生时间为收到代销单位的代销清单或者收到全部或者部分货款的当天。未收到代销清单及货款的，为发出代销货物满 180 天的当天
	6. 销售应税劳务，提供劳务的以收讫销售款或者取得索取销售款凭证的当天作为纳税义务发生时间
	7. 纳税人发生视同销售行为的，其纳税义务发生时间为货物移送的当天
	8. 纳税人发生视同销售服务、无形资产或者不动产情形的，其纳税义务发生时间为服务、无形资产转让完成的当天或者不动产权属变更的当天
	9. 纳税人提供建筑服务，被工程发包方从应支付的工程款中扣押的质押金、保证金，未开具发票的，以纳税人实际收到质押金、保证金的当天为纳税义务发生时间

对销项税额的时间限定，总体来说即纳税义务发生时间不得延后。

（2）进项税额的时间限定

增值税实行购进扣税法，对于扣减的进项税额实行认证抵扣的方式，自 2020 年 3 月 1 日起，根据《国家税务总局关于取消增值税扣税凭证认证确认期限等增值税征管问题的公告》，增值税一般纳税人取得2017年1月1日及以后开具的增值税专用发票、海关进口增值税专用缴款书、机动车销售统一发票、收费公路通行费增值税电子普通发票，取消了认证确认、稽核比对、申报抵扣的期限。

（3）应纳税额计算的其他规定

除上述两点外，纳税人在计算应纳税额时还应注意以下规定。

① 纳税人当期销项税额小于进项税额，不足抵扣时，当期进项税额不足抵扣的部分可以结转至下期继续抵扣。

② 纳税人销售货物或应税劳务，开具增值税专用发票后发生销售退回、折让等情形的，应按规定开具红字增值税专用发票，销货方依此冲减销项税额，购货方冲减进项税额。

③ 商业企业纳税人向供货方收取的与商品销售量、销售额挂钩的各种返还收入，均按平销返利行为的有关规定冲减当期进项税金，公式如下：

当期应冲减进项税金 = 当期取得的返还资金 ÷（1+ 所购货物适用增值税税率）× 所购货物适用增值税税率

注：平销返利是指生产企业以商业企业经销价或高于商业企业经销价的价格将货物销售给商业企业，商业企业再以进货成本甚至低于进货成本的价格进行销售，生产企业则以返还利润等方式弥补商业企业的进销差价损失的行为。

【例 2-7】 某商业企业与某厂家达成平销返利的协议，从厂家购买冰箱20台，每台3000元（不含税），该商业企业以进货价3000元 / 台卖给消费者，厂家每台返利300元，计算商业企业该笔业务应缴纳的增值税（假定当月全部销售完毕）。

分析：按照国家税法的有关规定，对商业企业向供货方收取的与商品销售量、销售额挂钩（如以一定比例、金额、数量计算）的各种返还收入，均应按照平销返利行为的有关规定冲减当期增值税进项税金。因此，该商业企业收取的返利300元 / 台应从当期的进项税额中扣减。

增值税销项税额 =3000×13%×20=7800（元）

增值税进项税额 =3000×13%×20=7800（元）

应冲减的进项税额 =300÷（1+13%）×13%×20=690.27（元）

应纳增值税 =7800 –（7800 – 690.27）=690.27（元）

结合上述各知识点，在准确确定应纳税额各项目的前提下，应纳税额的计算公式如下：

一般纳税人应纳税额 = 当期销项税额 – 同期准予抵扣的进项税额

小规模纳税人应纳税额 = 销售额 × 征收率

【例 2-8】 企业为增值税一般纳税人，2024年7月发生下列生产经营业务，请针对每一笔经济业务计算相关的税金：

① 购进原材料一批取得增值税专用发票，注明价款30万元，进项税额3.9万元，

该企业另支付运输公司运费 2 万元，取得运输公司开具的增值税专用发票；

外购货物可抵扣的进项税额 =3.9+2÷（1+9%）×9%=4.07（万元）

② 销售一批产品给小规模纳税人，开具普通发票，取得含税收入 20 万元；

销售产品销项税额 =20 ÷（1+13%）×13%=2.30（万元）

③ 将本企业一批产品用于员工福利，该批产品成本价为 10 万元，市场销售价（不含税）为 13 万元；

视同销售产品销项税额 =13×13%=1.69（万元）

④ 销售 2009 年 2 月购买的机器设备一台，开具普通发票，取得含税销售额 3.51 万元，该设备原价 2.7 万元；

销售使用过的固定资产销项税额 =3.51÷（1+13%）×13%=0.40（万元）

⑤ 销售一批产品给某一般纳税人，开具增值税专用发票，取得不含税销售收入 60 万元，另开具普通发票，取得销售产品的送货运输费收入 5 万元；

销售产品的销项税额 =60×13%+5 ÷（1+13%）×13%=8.38（万元）

⑥ 向农业生产者购进免税农产品一批，支付收购价 20 万元，支付运费 1 万元，在本月中将其中的 10% 用于职工福利；

外购免税农产品应抵扣的进项税额 =（20×9%+1×9%）×（1-10%）

=1.70（万元）

⑦ 请计算该企业 7 月份应缴纳的增值税额。

应缴纳的增值税额 =2.30+1.69+0.40+8.38-4.07-1.70=7（万元）

【例 2-9】 某商店为增值税小规模纳税人，2024 年 7 月取得销售收入总额（含税）15.45 万元。请计算该商店 7 月应缴纳的增值税税额。

分析：

小规模纳税人的应纳税额 = 不含税销售额 × 征收率

该商店 7 月取得的不含税销售额 =15.45÷（1+3%）=15（万元）

7 月应缴纳的增值税税额 =15×3%=0.45（万元）

2.3 生产加工企业增值税的会计处理

企业的任何涉税事项都属于税务会计的工作内容，对于各项税收的计算与申报都应作为税务会计反映的内容。本小节将向读者讲述增值税会计账户的设置及各项增值税涉税业务的会计处理。

2.3.1 增值税会计账户的设置

纳税人按照税法规定计算缴纳的各种税费，主要通过“应交税费——应交增值税”科目来进行核算，其借方发生额反映企业购进货物、接受应税劳务所支付的进项税额和已上缴的增值税额；贷方发生额反映企业销售货物、提供应税劳务应缴纳的销项税额、出口货物退税额、转出已支付或应分摊的增值税额；期末借方余额，反映未抵扣的增值税额，贷方余额反映尚未缴纳的增值税额。

（1）会计科目的设置

增值税的会计核算，还应通过“应交增值税”下设置的明细账来进行，其主要明细科目可见表 2-7。

表 2-7　应交增值税明细科目

应交税费——应交增值税	
借方	贷方
（1）进项税额	（1）销项税额
（2）已交税金	（2）出口退税
（3）减免税款	（3）进项税额转出
（4）出口抵减内销产品应纳税额	（4）转出多交增值税
（5）转出未交增值税	
（6）销项税额抵减	

注意：上述明细科目的设置针对一般纳税人，小规模纳税人只需设置“应交增值税”二级科目，不用再设明细科目。

① 进项税额：记录企业购进货物或接受应税劳务而支付的准予从销项税额中抵扣的增值税；退货或折让所发生的应冲销的进项税额，用红字登记。

② 已交税金：核算企业当月预缴，或当月上缴本月应交增值税额；收到退回的多交增值税额时，以红字记入。

③ 减免税款：反映企业按规定直接减免的增值税额，借记本科目，贷记“营业外收入”等科目。实际收到即征即退、先征后退、先征收后返还的增值税不通过本科目核算。

④ 出口抵减内销产品应纳税额：记录企业销售出口货物后，向税务机关办理免、抵、退税申报，税务机关审核确认的应免抵税额，会计处理时借记本科目，贷记“应交税费——应交增值税（出口退税）”科目。

⑤ 转出未交增值税：核算企业月末转出应交未交的增值税，月末应交增值税明细账出现贷方余额时，表示企业当期未交的增值税，应根据余额借记本科目，贷记“应交税费——未交增值税”科目。

⑥ 销项税额抵减：记载一般纳税人按照制度规定因扣减销售额而减少的销项税额。

⑦ 销项税额：记载企业销售货物或提供应税劳务时收取的增值税税额；在发生销售退回或折让的情况时，以红字记入冲减销项税额。

⑧ 出口退税：记载企业向税务机关申报办理出口退税后，应收的出口退税款及应免抵税款。出口货物应退回的增值税额，用蓝字登记，出口货物办理退税后发生的退货或退关情况的，应根据税务机关核定的应补缴已退的税款，用红字登记。企业应退税额和应免抵税额，借记“其他应收款——应收出口退税”“应交税费——应交增值税（出口抵减内销产品应纳税）”科目，贷记本科目。

⑨ 进项税额转出：核算企业的原材料、在产品、产成品发生的非正常损失，以及按规定的免税货物和出口货物免税等不应从销项税额中抵扣的进项税额。

⑩ 转出多交增值税：核算企业月末转出多交的增值税。

（2）会计账簿的设置

“应交税费——应交增值税”的账页通常采用多栏式明细账的格式，将“进项税额”“销项税额”等明细项目在“应交税费”账户下分借贷方进行核算。

小规模纳税人采用简易计税方法，其会计账簿可使用借、贷、余三栏式明细账页。小规模纳税人“应交税费 —— 应交增值税”科目的借方发生额，反映已缴的增值税额；贷方发生额反映应缴的增值税额；期末借方余额反映多缴的增值税额，期末贷方余额反映尚未缴纳的增值税额。

提示：本书中所举例题均以工业生产加工企业为依据，商业企业的会计处理方法本书不作详细介绍。

2.3.2 进项税额及转出的会计处理

我国增值税采用税款抵扣制度，采购货物或接受应税劳务所发生的进项税额，有些可以从同期销项税额中抵扣，有些不能抵扣，有些在事先抵扣后又因为发生非正常损失或用于非生产用途等情况需要进行转出……同时，又因为纳税人性质不同、发生的纳税事项不同等，各类进项税额的会计处理都有所不同。

注：对不准抵扣的进项税额，应将专用发票上注明的增值税额计入采购货物的成本，借记“工程物资”“在建工程”等科目，贷记“银行存款”“应付账款”等科目。

2.3.2.1 进项税额的处理

（1）国内采购进项税额的处理

企业在国内购买材料或接受应税劳务时，应根据支付给供货方或提供给劳务方的实际采购价借记“原材料”“材料采购”“库存商品”及相关费用科目，按增值税专用发票注明或计算的进项税额借记“应交税费——应交增值税（进项税额）”科目，按借方科目之和贷记“银行存款”“应付账款”等科目。

【例 2-10】 乐然工厂 2024 年 7 月购进生产用原料 3000 千克，3 元 / 千克，供货方开具的增值税专用发票注明进项税额 1170 元，另支付材料运输费（不含税金额）2000 元（已开具发票），材料已验收入库，货款已通过银行存款支付，会计处理如下：

分析：原材料采购成本由买价和采购过程中发生的运费、装卸费、保险费和运输途中的合理损耗组成。

借：原材料　11000（3000×3+2000）

　　应交税费——应交增值税（进项税额）　1350（3000×3×13%+2000×9%）

　　贷：银行存款　12350

在实际工作中，当月收到的进项发票不一定全部认证抵扣，企业会计人员往往会根据销项及本会计期间的税负情况进行考虑，所以财政部在 2016 年 12 月发布了《财政部关于印发〈增值税会计处理规定〉的通知》（财会【2016】22 号），增加了“应交税费——待认证进项税额”这个科目。进项税额如果没认证，是不可以从销项税额中抵扣的，因此，为区分已认证与未认证的进项税额，企业可通过“应交税费——待认证进项税额”明细科目来进行过渡，有些企业也通过“其他应收款”科目来入账。

【例 2-11】　承上例，假设当月该笔业务的进项税额未进行认证，则入账时的会计处理如下：

① 材料验收入库，进项税额未做认证时：

借：原材料　11000

　　应交税费——待认证进项税额　1350

　　贷：银行存款　12350

② 企业认证后：

借：应交税费——应交增值税（进项税额）　1350

　　贷：应交税费——待认证进项税额　1350

企业经营发生的水电费，包括生产经营用电和职工生活用电，其职工生活用电属于职工福利，不能够抵扣进项税额，因此在取得进项税票或计算抵扣时，应将用于职工福利部分的进项税额区分计入相关费用。

【例 2-12】　乐然工厂 7 月份支付电费 100000 元，电力公司开具增值税专用发票注明电费 100000 元，税额 13000 元。工厂将生产用电与生活用电分开计量，其中生产用电 90000 元，生活用电 10000 元（在发工资时扣回）。进行相应的会计处理：

分析：企业生产用电相关费用在发生时应计入“制造费用”，其进项税额可以抵扣；用于职工生活的电费属于职工福利范畴，其进项税额不得抵扣；同时，用于职工福利部分的进项税额也不予抵扣，应合并计入“应付职工薪酬”科目。

借：制造费用——电费　90000

　　应付职工薪酬　11300（10000+1300）

　　应交税费——应交增值税（进项税额）　13000

贷：应交税费——进项税额转出　　　1300（10000×13%）

银行存款　　　113000

注：进项发票认证往往是整张通过认证系统认证，因此对于一张税票中部分不予抵扣的进项税额，也可以通过“进项税额转出”明细科目进行核算。

（2）委外加工进项税额的处理

企业委托外单位进行产品加工，支付加工费收取的专用发票进项税额，按税法规定可予以抵扣。委托方应按发出材料的实际成本和支付的加工费、运费等合计金额计入委托加工物资成本，可抵扣的税金借记“应交税费——应交增值税（进项税额）”科目。

【例 2-13】 乐然工厂委托外单位加工产品一批，发出材料 20000 元，支付加工费 3000 元，取得对方开具的增值税专用发票注明加工费 3000 元，增值税额 390 元。加工费已通过银行存款支付。

① 发出材料：

借：委托加工物资　　　20000

贷：原材料　　　20000

② 支付加工费：

借：委托加工物资　　　3000

应交税费——应交增值税（进项税额）390

贷：银行存款　　　3390

③ 加工产品收回，验收入库：

借：库存商品　　　23000

贷：委托加工物资　　　23000

（3）国外购进原料进项税额的处理

从前述小节已知，纳税人进口货物，应按照组成计税价格和规定的税率计算缴纳增值税额，并根据海关开具的完税凭证作为进项税额抵扣的依据。

进口货物增值税组成计税价格和应纳税额的计算公式如下：

组成计税价格 = 关税完税价格 + 关税 + 消费税

应缴纳进口增值税 = 组成计税价格 × 税率

【例 2-14】 乐然工厂 7 月从国外购进材料一批（材料已验收入库），海关完税价格 100000 元，应交关税 13000 元，另支付国内从海关至工厂的运费（含税金额）1090 元，开具运输发票。款项已通过银行存款支付。

① 计算增值税进项税额及材料成本：

增值税进项税额 =（100000+13000）×13%+1090÷（1+9%）× 9%=14780（元）

材料采购价格 =100000+13000+1090÷（1+9%）=114000（元）

② 会计处理：

借：原材料　　　114000

应交税费——应交增值税（进项税额）　　　　14780

贷：银行存款　　　　128780

（4）购料发生退货、折让等进项税额的处理

企业购买材料后发生退货的，在未认证前，应将对方开具的增值税专用发票抵扣联和发票联退还销货方作作废处理；如果发票已认证，并已作账务处理的情况下，则不需将发票退回，由收货方填写《红字发票信息确认单》(后简称为《信息单》)，税务机关通过网络接收纳税人上传的《信息单》，核验通过后，生成带有“红字发票信息表编号”的信息表，由销货方作为开具红字发票的证明，以开具后的红字发票进行冲减。《红字发票信息确认单》格式如表 2-8 所示。

表 2-8　开具红字发票信息确认单

红字发票信息确认单

填开日期：　年　月　日

<table>
<tr><td rowspan="2">销售方</td><td>纳税人名称
（销方）</td><td></td><td rowspan="2">购买方</td><td>纳税人名称
（购方）</td><td colspan="2"></td></tr>
<tr><td>统一社会信用代码/纳税人识别号（销方）</td><td></td><td>统一社会信用代码/纳税人识别号（购方）</td><td colspan="2"></td></tr>
<tr><td rowspan="4">开具红字发票确认信息内容</td><td>项目名称</td><td>数量</td><td>单价</td><td>金额</td><td>税率/征收率</td><td>税额</td></tr>
<tr><td></td><td></td><td></td><td></td><td></td><td></td></tr>
<tr><td>合计</td><td></td><td></td><td></td><td></td><td></td></tr>
<tr><td colspan="6">一、录入方身份：
1. 销售方 □　2. 购买方 □
二、冲红原因：
1. 开票有误 □　2. 销货退回 □　3. 服务中止 □　4. 销售折让 □
三、对应蓝字发票抵扣增值税销项税额情况：
1. 已抵扣 □　2. 未抵扣 □
对应蓝字发票的代码：__________　号码：
四、是否涉及数量（仅限成品油、机动车等业务填写）
涉及销售数量 □　仅涉及销售金额 □</td></tr>
<tr><td>红字发票信息确认单编号</td><td colspan="6"></td></tr>
</table>

【例 2-15】 乐然工厂 6 月 23 日收到材料公司转来的托收承付结算凭证及开具的增值税专用发票，注明不含增值税材料款 5000 元，税款 650 元，委托银行付款，当月发票已认证并作会计分录入账：

借：在途材料　　　　5000

　　应交税费——应交增值税（进项税额）　　　　650

　贷：银行存款　　　　5650

7 月 5 日对方材料运到，乐然工厂在验收时发现材料质量不符而全部退货，并于 7 月 9 日取得带有“红字发票信息单编号”的《信息单》。当月 22 日收到对方开具的增值税红字专用发票。进行相关账务处理如下：

① 将《信息单》交给销货方：

借：应收账款——材料厂　　　　5000

　贷：在途材料　　　　5000

② 收到对方款项及开具的增值税红字专用发票时：

借：银行存款　　　　5650

　　应交税费——应交增值税（进项税额转出）　　　　-650

　贷：应收账款——材料厂　　　　5000

提示： 如果企业对购进的货物只是部分退货或是让销货方给予一定的折让的，其处理方法类似，在当月开具的发票未认证抵扣的情况下，将原发票退还给销货方作废后，重新开具正确发票；在已认证处理的情况下，则应向税务局申请后，出具《信息单》给销货方开具所退部分或是折让部分的红字发票，进行冲账处理。

（5）企业接受投资货物进项税额的处理

企业接受投资的货物，应按照双方确认的价格（不含税）入账，借记“原材料”“固定资产”“库存商品”等科目，按增值税专用发票上注明的税额进行抵扣，记“应交税费——应交增值税（进项税额）”科目，按投资确认的货物价格与税额合计贷记“实收资本”科目，两者的差额计入“资本公积”科目。

【例 2-16】 乐然工厂于 2024 年 7 月底接受某企业以原材料及一台机器设备作为投资，开具增值税专用发票两张，其中原材料价款 200000 元，税额 26000 元；机器设备价款 150000 元，税额 19500 元，经确认该企业所占注册资本份额为 390000 元。当月会计人员进行会计处理如下：

借：原材料　　　　200000

　　固定资产——机器设备　　　　150000

　　应交税费——应交增值税（进项税额）　　　　45500

　贷：实收资本　　　　390000

　　　资本公积——资本溢价　　　　5500

（6）接受捐赠货物进项税额的处理

企业接受捐赠货物进项税额的会计处理与接受投资货物进项税额的会计处理类似，都是依据增值税专用发票计入“应交税费——应交增值税（进项税额）”科目，按双方确认的公允价值计入相关资产的成本，贷记“营业外收入——捐赠利得”科目。

注：关于接受捐赠所应缴纳的所得税会计处理将在所得税章节进行讲述。

【例 2-17】 乐然工厂接受外部企业捐赠材料一批，增值税专用发票注明价款 50000 元，税额 6500 元，材料已验收入库。会计账务处理如下：

借：原材料　　　　50000

　　应交税费——应交增值税（进项税额）　　　6500

　贷：营业外收入——捐赠利得　　　56500

（7）小规模纳税人进项税额的会计处理

小规模纳税人实行简易扣税制度，它所购货物或接受劳务的进项税额不实行税款抵扣，而是直接计入货物的采购成本，因此，小规模纳税人也不用区分所收发票是普通发票还是增值税专用发票，按实际支付或应当支付的价款和进项税额合计，借记“原材料”“库存商品”“固定资产”及相关费用科目，贷记“应付账款”“银行存款”等科目。

【例 2-18】 宏达厂属于小规模纳税人，2024 年 7 月购入原材料一批，对方提供的请款清单注明价款 10000 元，税款 1300 元，已开具发票。宏达厂已付款并验收入库。会计账务处理如下：

借：原材料　　　　11300

　贷：银行存款　　　　11300

2.3.2.2　进项税额转出的会计处理

在企业的实际运营中，对于购进的货物往往不能事先确定是否会用于非生产经营项目，因此，会计人员在进行账务处理时都将相应的进项税额在销项税额中实行抵扣处理。但税法规定，当纳税人购进货物或接受的应税劳务改变用途（用于集体福利、个人消费、免税项目、非应税项目）或是发生非正常损失时，其支付的进项税额不得从销项税额中抵扣。

因此，出现上述类似情况时，应将改变用途的这些购进货物或应税劳务的进项税额通过“应交税费——应交增值税（进项税额转出）”科目，从当期发生的进项税额中扣除，下面将针对各个具体情况的会计处理进行讲述。

（1）用于免税项目进项税额转出的处理

免税项目由于销售时不用缴纳销项税额，因此为生产免税项目购进的材料或应税劳务所包含的进项税额不予抵扣，而应计入免税项目材料采购成本。对于企业购进的货物或应税劳务既用于免税项目又用于应税项目的，则应将用于免税项目的进项税额区分开来，做“进项税额转出”的会计处理。

【例 2-19】 某塑料制品厂生产农用薄膜（免税产品）和塑料餐具（应税产品）两种产品，2024 年 7 月购进生产用原料一批，专用发票注明价税合计 395500 元整，当月生产农用薄膜领用该批原材料成本 60000 元。请进行相关的会计处理。

① 当月不得抵扣的进项税额：60000×13%=7800（元）。

② 进行会计处理：

借：生产成本　　　　67800

　贷：原材料　　　　60000

　　　应交税费——应交增值税（进项税额转出）　　　　7800

（2）用于集体福利或个人消费进项税额转出的处理

企业将购买的货物或应税劳务用于集体福利或个人消费的，相当于终止了增值税的税务链，由企业充当了最终的消费者，因此，这部分货物或应税劳务的增值税金应由企业承担，而不能作为进项税额给予抵扣。对于已经抵扣的进项税额，应通过“进项税额转出”科目从当期发生的进项税额中扣除。其具体会计处理如例题所示。

【例 2-20】 企业将上月外购的一批备用的办公桌椅用于职工宿舍，该批办公桌椅价款 1500 元，税额 195 元，计入低值易耗品库存，其进项税额已于上月抵扣认证，本月领用时会计处理如下：

借：应付职工薪酬　　　　1695

　贷：低值易耗品　　　　1500

　　　应交税费——应交增值税（进项税额转出）　　　　195

（3）非正常损失货物进项税额转出处理

企业因发生自然灾害和人为管理不善等原因造成材料、产成品、半成品、固定资产损失的，属于非正常损失，相应的进项税额不得抵扣；如原进项税额已进行抵扣的，应将已抵扣的进项税额进行转出，与遭受损失的存货成本一并计入待处理财产损溢。

【例 2-21】 企业于上月购进一批价值 100000 元（不含税）的原材料，进项税额 13000 元（已于当月认证抵扣），因露天堆放导致其被雨淋坏毁损，已清理作价出售，取得不含税收入 30000 元。请作出该笔业务的会计处理。

① 发生损失计入清理：

借：待处理财产损溢　　　　100000

　贷：原材料　　　　100000

② 进项税额转出：

借：待处理财产损溢　　　　9100［（100000-30000）×13%］

贷：应交税费——应交增值税（进项税额转出）　　　　9100

③ 取得清理收入：

借：银行存款　　　　33900

贷：待处理财产损溢　　　　30000

应交税费——应交增值税（销项税额）3900

④ 结转损失：

借：营业外支出——非正常损失　　　　79100（100000+9100-30000）

贷：待处理财产损溢　　　　79100

提示：本题中，企业因销售毁损材料取得不含税收入 30000 元，并计征销项税额，因此，我们视该批材料未发生全部损失，需转出的进项税额扣减取得的清理变价收入后计算，即取得的清理变价收入不产生税收。

2.3.3 销项税额的会计处理

销售额的确认与不同的销售方式有着紧密的联系，这些不同的销售方式有一般销售、折扣 / 折让销售、视同销售等；又因为不同的纳税义务发生时间存在着直接收款销售、托收承付销售、预收货款销售等。对于不同的销售方式，在确认出相应的销售额和计算出对应的销项税额后，如何进行会计处理是本小节将要讲述的内容。

（1）直接收款方式销项税额的会计处理

采取直接收款方式销售货物的，其确认销售收入的纳税义务发生时间为收到销售款项或是取得销货款凭证的当天，而与货物是否发出没有关系。企业应根据所收货款或相关的单据，借记“银行存款”“应收账款”等科目，贷记“主营业务收入”“应交税费——应交增值税（销项税额）”等科目。

【例 2-22】 乐然工厂采用现销方式向某工厂销售一批产品，开具增值税专用发票注明价款 50000 元，增值税额 6500 元，对方已开出转账支票，会计处理为：

借：银行存款　　　　56500

贷：主营业务收入　　　　50000

应交税费——应交增值税（销项税额）　　　　6500

（2）销货退回及销售折让的销项税额处理

企业在货物销售过程中，因产品质量原因出现买方退回货物或是要求折让的情况下，不论所退货与折让是当月销售还是以前月份销售的，都应在当月的主营业务收入中进行冲减，并根据对方退回的增值税专用发票或收到《开具红字增值税专用发票通知表》后重新开具的红字增值税专用发票，对销项税额进行不同的会计处理。

销货全部退回：

① 购买方将货物全部退回的，如属于当月发生的销售退回，企业应将购买方退回的增值税专用发票进行作废处理，并同时对当月已作销售收入的记账凭证进行作废处理。

② 如果销货退回的是属于以前月份所发生的销售，则企业应根据对方转来的《开具红字增值税专用发票信息表》上注明的退货数量、价款和税额，开具红字增值税专用发票，并依此冲销当月的销售收入，红字借记“应收账款”“银行存款”等科目，贷记“主营业务收入”“应交税费——应交增值税（销项税额）”等科目。

【例 2-23】 乐然工厂收到客户全部退回上月销售的产品一批（款项未收），该批产品价款 60000 元，税额 7800 元，已根据对方转来的《开具红字增值税专用发票信息表》开具红字增值税专用发票，并作账务处理如下：

借：应收账款　　　　　　-67800

　贷：主营业务收入　　　　　　-60000

　　　应交税费——应交增值税（销项税额）　　　　-7800

销货部分退回：

① 购买方将货物部分退回的，如果属于当月销售的货物，销货方应将购货方退回的增值税专用发票进行作废处理，同时按对方实际收货的数量、金额和税额重新开具发票，作为双方会计处理的凭据。

② 若所退回货物为以前月份发生的销售，其处理方式与全部退货的处理类似，同样根据对方转来的《信息单》上的相关数量、金额等开具红字专用发票，在进行会计处理时，只需对部分销售收入和销项税额进行冲销即可。

【例 2-24】 假定上例【例 2-23】中客户退货 10000 元，已收到对方转来的《信息单》并开具对应的红字专用发票，则会计处理如下：

借：应收账款　　　　-11300

　贷：主营业务收入　　　　　-10000

　　　应交税费——应交增值税（销项税额）　　　　-1300

销货折让：

企业销货过程中发生销货折让的，其会计处理可以参考上述销货退回的方式进行，在此不再赘述。

（3）销货折扣销项税额的处理

在企业实际经营过程中，销货折扣存在着两种形式，一种是商业折扣，是企业为实现促销而给予客户在达到一定购买数量时的价格优惠；另一种是现金折扣，这是企业为了促使客户早日付款而应允的一种优惠，属于企业的一种融资行为。

对于企业实行的销货折扣，其所发生的现金折扣直接计入财务费用，销项税额的会计处理与正常销售相同；而对于商业折扣，要根据销货方开具发票的情况来进行不同的会计处理。

① 销售金额与商业折扣额开具在同一张发票上，企业应按实收货款也就是折扣后的销售额作为销项税额的计税依据。

【例 2-25】 乐然工厂销售给某企业产品 10000 件，每件产品不含税价格为 10 元，由于对方购买的数量较多，因此乐然工厂按原价的 9 折销售，并开具同一张发票。乐然工厂的会计处理如下：

借：应收账款 101700［10000×10×90%×（1+13%）］

贷：主营业务收入 90000

应交税费——应交增值税（销项税额） 11700（90000×13%）

② 销售金额与商业折扣分开以两张发票开具的，计税销售额应以折扣前的销售额作为依据。

【例 2-26】 假定上例中，乐然工厂将销售金额与商业折扣分别开具在两张发票上，那么乐然工厂的会计处理如下：

借：应收账款 101700

销售费用 1300（10000×10×10%×13%）

贷：主营业务收入 90000

应交税费——应交增值税（销项税额） 13000（100000×13%）

（4）价外费用销项税额的处理

纳税人收取的价外费用不管会计上是否作为收入处理，在进行销项税额计算时都应将价外费用合并到应税销售额中，在无特别说明时，一律将价外费用视为含税收入。

价外费用包括售货方在货物价格以外向购买方收取的手续费、包装物租金、补贴、奖励费、返还利润、违约金、赔偿金、基金、集资款、延期付款利息、包装费、运输费、代垫款项及代付款项等，这些价外费用在收取时如何进行会计处理呢?

① 收取的手续费、包装物租金：企业向购买方收取的手续费是作为提供一定服务的补偿，而收取的包装物租金是因为转让了包装物的使用权而取得的收入。在会计准则上，这两项收入都应通过“其他业务收入”来进行核算，在收取时借记“银行存款”“应收账款”等科目，按应计收入计算增值税销项税额，贷记“应交税费——应交增值税（销项税额）”科目。因价外费用属于含税收入，因此，在进行账务处理时，应事先将含税收入换算成不含税收入。

【例 2-27】 乐然工厂向客户销售一批产品，发票上注明售价 100000 元，增值税额 13000 元，另向客户收取包装物租金 3000 元，已向银行办理托收承付手续。账务处理如下：

计算包装物租金的销项税额 =3000÷（1+13%）×13%=345.13（元）

借：应收账款　　116000

　贷：主营业务收入　　100000

　　　其他业务收入　　2654.87（3000-345.13）

　　　应交税费——应交增值税（销项税额）　　13345.13

② 收取的违约金、赔偿金：企业因对方过错而收取的违约金、赔偿金等在会计上应作为营业外收入处理，通过“营业外收入”科目来进行核算。

【例 2-28】 假定上例中购货方退回包装物时发现有一部分已经毁损，按照协议约定，购买方需支付原包装物价款，并向企业支付赔偿金 1000 元。企业对收取的赔偿金作如下会计分录：

借：库存现金　　1000

　贷：营业外收入　　884.96

　　　应交税费——应交增值税（销项税额）　115.04［1000÷（1+13%）×13%］

从上述两例可以看出，企业收取的价外费用，账务处理的基本形式为：

借：银行存款 / 应收账款

　贷：对应的贷方科目

　　　应交税费——应交增值税（销项税额）

对于不同的价外费用销项税额的处理，如何确认对应的贷方科目是关键，结合各种名目的价外费用，其对应的贷方科目总结如表 2-9 所示。

表 2-9　价外费用对应贷方科目

序号	价外费用名目	解析	对应贷方科目
1	收取手续费、包装物租金	手续费是企业在提供一定服务的基础上，向购买方收取的费用，包装物租金是企业因转让资产的使用权而获得的收入，属于主营业务收入外的其他收入	其他业务收入
2	收取补贴、奖励费、优质费、返还利润	企业销售商品同时收取的返还利润、补贴等，具有价上加价的性质，应计入主营业务收入	主营业务收入
3	收取违约金、赔偿金	企业收取的违约金、赔偿金等属于企业日常经营以外的利得，应计入营业外收入	营业外收入
4	收取基金、集资款	收取的基金、集资款，是企业按政策规定收取的，具有专款专用的性质，应通过“其他应付款”科目核算	其他应付款
5	收取购货方延期付款利息	收取购货方延期付款利息作为企业收取的利息冲减财务费用	财务费用

续表

序号	价外费用名目	解析	对应贷方科目
6	收取包装费、运输费、储备费	企业在销售过程中发生的包装费、运输费等是作为产品销售费用入账的，因此，收回的这些费用应冲减销售费用	销售费用
7	收取代垫款项	代垫款项是企业事先已经支付，但本不应由企业承担的费用，在支付时计其他应收款增加，收取时冲减“其他应收款”科目	其他应收款
8	收取代收款项	代收款项是企业作为中间方，代第三方向他人收取的，不会导致企业经济利益的流入，在收取时计入“其他应付款”科目	其他应付款

（5）包装物销售及收取的押金销项税额处理

① 企业销售产品，随同产品出售且单独计价的包装物，应按规定作为销售额计算应缴纳的销项税额。

【例 2-29】 乐然工厂销售给外部工厂带包装物的产品一批，包装物单独计价，开出的增值税专用发票上注明产品价款 50000 元，包装物销售款 6000 元，增值税税额 7280 元，货款尚未收到。会计分录如下：

借：应收账款　　63280

　贷：主营业务收入　　50000

　　　其他业务收入　　6000

　　　应交税费——应交增值税（销项税额）　　7280

② 企业收取的包装物押金，因包装物逾期未退还而没收的，应按规定将包装物押金换算成不含税额，计算应缴纳的销项税额。

【例 2-30】 乐然工厂 2023 年 6 月销售产品一批，价款 30000 元，税额 3900 元，随货的包装物收取押金 9360 元，双方约定一年后应予退回所附包装物。2024 年 7 月，企业仍未收到应退还的包装物。做会计分录如下：

借：其他应付款　　9360

　贷：其他业务收入　　8283.19（9360÷1.13）

　　　应交税费——应交增值税（销项税额）　　1076.81

注意：包装物押金是否逾期，往往以一年为限，当收取的押金超过一年时，不管押金是否退回，在税法上都应作为销售额计税。

销售酒类商品收取的包装物押金应区分酒的种类进行账务处理：销售啤酒或黄酒的，其包装物按一般货物包装物的会计处理进行；销售其他酒类的，其包装物押金无论将来是否返还、是否按时返还，均应计入当期销售额进行应纳销项税额的计算。

（6）视同销售行为销项税额的会计处理

根据2024年12月25日通过的《中华人民共和国增值税法》，对视同销售的规定进行了大幅简化，仅列举了三种情形为视同销售行为：

① 单位和个体工商户将自产或者委托加工的货物用于集体福利或者个人消费，例如，企业将自产的月饼用于职工中秋福利，或将委托加工的服装作为员工工作服。

② 单位和个体工商户无偿转让货物，如企业将自产或购进的货物无偿赠送给其他单位或个人。

③ 单位和个人无偿转让无形资产、不动产或者金融商品，比如企业将拥有的专利技术无偿转让给其他单位、个人将闲置的房产无偿过户给亲属等行为，在新规下，若不属于用于公益事业或者以社会公众为对象的情况，将视同应税交易，须缴纳增值税。

以下几种原视同销售的情形被取消：

① 将货物交付其他单位或者个人代销；

② 销售代销货物；

③ 设有两个以上机构并实行统一核算的纳税人，将货物从一个机构移送其他机构用于销售，但相关机构设在同一县（市）的除外；

④ 将自产或者委托加工的货物用于非增值税应税项目；

⑤ 将自产、委托加工或者购进的货物作为投资，提供给其他单位或者个体工商户；

⑥ 将自产、委托加工或者购进的货物分配给股东或者投资者；

⑦ 单位或者个体工商户向其他单位或者个人无偿提供服务，但用于公益事业或者以社会公众为对象的除外；

⑧ 兜底条款“财政部和国家税务总局规定的其他情形”。

针对视同销售行为销项税额的会计处理，本小节只对应计销项税额的行为进行讲述，对于购买货物用于非应税项目应作进项税额转出处理的，请参考“进项税额转出的会计处理”。

提示：对于企业外购货物用于企业内部的如非应税项目、集体福利等情况的，则不作视同销售处理，而应将所购货物的进项税额计入相关成本，不得抵扣，已抵扣的作进项税额转出处理。

（7）将自产、委托加工的货物用于企业集体福利、个人消费销项税额的处理

企业将自产或委托加工的货物用于集体福利或个人消费时，在财务会计上不作销售处理，但应按税法要求计算增值税销项税额，应按商品成本及按售价或组成计税价计算的销项税额合计借记“应付职工薪酬”“管理费用”等科目，贷记“库存商品”“应交税费——应交增值税（销项税额）”科目。

【例 2-31】 某企业将本厂生产的抽油烟机 300 台作为职工福利发放给员工，每台抽油烟机的成本 200 元，同期市场售价为 260 元 / 台。会计处理如下：

借：应付职工薪酬　　70140

　贷：库存商品　　60000

　　应交税费——应交增值税（销项税额）　10140（300×260×13%）

（8）将自产、委托加工或购买的货物无偿赠送他人销项税额的处理

无偿赠送行为对企业来说并不产生经济利益的流入，但按税法规定应计算销项税额。企业无偿赠送货物时，按货物成本加计销项税额借记“营业外支出”科目，贷记“库存商品”“应交税费——应交增值税（销项税额）”科目。

【例 2-32】 乐然工厂将本厂自产的产品 100 件及原材料 100 千克无偿赠送给他人。产品生产成本为 10000 元，成本利润率 10%；原材料市场购买价（不含税）为 30 元 / 千克。作会计分录如下：

库存商品应计销项税额 =10000×（1+10%）×13%=1430（元）

原材料应计销项税额 =30×100×13%=390（元）

借：营业外支出　　14820

　贷：库存商品　　10000

　　原材料　　3000

　　应交税费——应交增值税（销项税额）　　1820

（9）单位和个人无偿转让无形资产、不动产或者金融商品销项税额的处理

单位无偿转让无形资产、不动产或金融商品视同销售计算销项税额时，会计处理一般借记“营业外支出”等科目，贷记“应交税费 —— 应交增值税（销项税额）”等科目。如企业无偿转让不动产，借记“营业外支出”科目，贷记“固定资产清理”“应交税费 —— 应交增值税（销项税额）”科目。

【例 2-33】 乐然工厂将一项自主研发的无形资产无偿转让给关联企业，该无形资产无同类市场价格，其研发成本为 60 万元，成本利润率为 10%，则组成计税价格为 60×（1+10%）=66 万元，该无形资产适用的增值税税率为 6%，则销项税额为 66×6% =3.96 万元。

会计分录如下：

借：营业外支出　　639600

　贷：无形资产　　600000

　　应交税费——应交增值税（销项税额）　　39600

2.3.4 增值税上缴及月末的会计处理

（1）企业上缴增值税

企业上缴增值税时，应按财务会计的要求进行相应的会计处理，借记“应交

税费——应交增值税（已交税金）”“应交税费——未交增值税”科目，贷记“银行存款”科目。

注： 企业上缴当月的增值税时，通过“应交税费——应交增值税（已交税金）”科目核算，而上缴以前各月未交增值税时，则应通过“应交税费——未交增值税”科目核算。

【例 2-34】 2024 年 7 月，乐然工厂预缴本月应交增值税 10000 元，通过银行存款代扣支付。会计处理如下：

借：应交税费——应交增值税（已交税金）　　10000

　贷：银行存款　　10000

【例 2-35】 2024 年 8 月 10 日，乐然工厂进行增值税纳税申报，已知上月应缴的增值税额为 60000 元，当天申报成功后即通过网上银行进行划扣。会计分录如下：

借：应交税费——未交增值税　　60000

　贷：银行存款　60000

（2）月末转出多交增值税和未交增值税的会计处理

为了对一般纳税人企业欠缴税金及待抵扣税金的情况进行区分反映，在“应交税费”科目下还设置了“未交增值税”明细科目，用来核算企业当月月末从“应交税费——应交增值税”科目转入的未交或者多交的增值税额。

与此相对应的，在“应交税费——应交增值税”科目下分别设置“转出多交增值税”及“转出未交增值税”反映企业当月多交的增值税和当月应交未交的增值税。

【例 2-36】 承【例 2-35】企业会计人员在 7 月份账务处理时，已知当月应交增值税为 60000 元，但增值税纳税申报及扣缴时间统一规定在次月的 15 日以前，因此在 7 月月份终了，会计人员将当月应交未交的增值税进行转出。会计分录如下：

借：应交税费——应交增值税（转出未交增值税）　　60000

　贷：应交税费——未交增值税　　60000

2.4 增值税的纳税申报

增值税纳税人在发生纳税义务后，应按照《增值税暂行条例》的相关规定明确纳税义务的发生时间，并在规定的纳税期限内进行纳税申报。增值税的纳税期限分别为 1 日、3 日、5 日、10 日、15 日、1 个月或者 1 个季度。

纳税人的具体纳税期限，由主管税务机关根据纳税人应纳税额的大小分别核定。以 1 个季度为纳税期限的规定适用于小规模纳税人、银行、财务公司、信托投资公司、信用社，以及财政部和国家税务总局规定的其他纳税人。不能按照固定期限纳税的，可以按次纳税。

在日常工作中，纳税人往往都是以1个月或者1个季度为1个纳税期，应自期满之日起15日内申报纳税。以1日、3日、5日、10日或者15日为1个纳税期的，自期满之日起5日内预缴税款，于次月1日起15日内申报纳税并结清上月应纳税款。

自2021年8月1日起，增值税、消费税分别与城市维护建设税、教育费附加、地方教育附加申报表整合，启用《增值税及附加税费申报表（一般纳税人适用）》《增值税及附加税费申报表（小规模纳税人适用）》《增值税及附加税费预缴表》及其附列资料和《消费税及附加税费申报表》。

2.4.1 纳税申报表的填写

增值税一般纳税人向税务机关进行纳税申报时，应按规定递交纳税申报资料，其中包括《增值税及附加税费申报表（一般纳税人适用）》《增值税及附加税费申报表附列资料》、各类备查资料及企业主管税务机关规定的其他资料。

注：增值税纳税人（包括一般纳税人和小规模纳税人）不论当期是否发生应税行为，都应根据《税收征管法》《增值税暂行条例》及《发票管理办法》按期向主管税务机关进行申报纳税。

2.4.1.1 小规模纳税人申报表的填写

《增值税及附加税费申报表（小规模纳税人适用）》的填写比较简单，会计人员将企业当期的各类销售额按照表中“项目”栏分类填写，计算得出当期应纳税额即可，其报表格式如表2-10、表2-11所示。

表2-10 增值税及附加税费申报表
（小规模纳税人适用）

纳税人识别号（统一社会信用代码）：

纳税人名称（公章）：　　　　　　　　　　　　　　金额单位：元（列至角分）

税款所属期：　　年　月　日至　　年　月　日　　填表日期：　　年　月　日

	项目	栏次	本期数		本年累计	
			货物及劳务	服务、不动产和无形资产	货物及劳务	服务、不动产和无形资产
一、计税依据	（一）应征增值税不含税销售额（3%征收率）	1				
	增值税专用发票不含税销售额	2				
	其他增值税发票不含税销售额	3				

第2章 增值税

续表

	项目	栏次	本期数		本年累计	
			货物及劳务	服务、不动产和无形资产	货物及劳务	服务、不动产和无形资产
一、计税依据	（二）应征增值税不含税销售额（5%征收率）	4	—		—	
	增值税专用发票不含税销售额	5	—		—	
	其他增值税发票不含税销售额	6	—		—	
	（三）销售使用过的固定资产不含税销售额	7（7 ≥ 8）		—		—
	其中：其他增值税发票不含税销售额	8		—		—
	（四）免税销售额	9=10+11+12				
	其中：小微企业免税销售额	10				
	未达起征点销售额	11				
	其他免税销售额	12				
	（五）出口免税销售额	13（13 ≥ 14）				
	其中：其他增值税发票不含税销售额	14				
二、税款计算	本期应纳税额	15				
	本期应纳税额减征额	16				
	本期免税额	17				
	其中：小微企业免税额	18				
	未达起征点免税额	19				
	应纳税额合计	20=15-16				
	本期预缴税额	21			—	—
	本期应补（退）税额	22=20-21			—	—
三、附加税费	城市维护建设税本期应补（退）税额	23				
	教育费附加本期应补（退）费额	24				
	地方教育附加本期应补（退）费额	25				

声明：此表是根据国家税收法律法规及相关规定填写的，本人（单位）对填报内容（及附带资料）的真实性、可靠性、完整性负责。

纳税人（签章）：　年　月　日

经办人： 经办人身份证号： 代理机构签章： 代理机构统一社会信用代码：	受理人： 受理税务机关（章）： 受理日期：　　年　月　日

表 2-11 增值税及附加税费申报表（小规模纳税人适用）附列资料（一）
（服务、不动产和无形资产扣除项目明细）

税款所属期：　年　月　日至　年　月　日　填表日期：　年　月　日

纳税人名称（公章）：　金额单位：元（列至角分）

应税行为（3% 征收率）扣除额计算			
期初余额	本期发生额	本期扣除额	期末余额
1	2	3（3 ≤ 1+2 之和，且 3 ≤ 5）	4=1+2−3
应税行为（3% 征收率）计税销售额计算			
全部含税收入（适用 3% 征收率）	本期扣除额	含税销售额	不含税销售额
5	6=3	7=5−6	8=7÷1.03
应税行为（5% 征收率）扣除额计算			
期初余额	本期发生额	本期扣除额	期末余额
9	10	11（11 ≤ 9+10 之和，且 11 ≤ 13）	12=9+10−11
应税行为（5% 征收率）计税销售额计算			
全部含税收入（适用 5% 征收率）	本期扣除额	含税销售额	不含税销售额
13	14=11	15=13−14	16=15÷1.05

本书所列示的纳税申报表及其附列资料填写说明均会另行提供。

2.4.1.2 一般纳税人申报表的填写

增值税一般纳税人在增值税专用发票认证成功后，即可进行纳税申报，首先完成企业当期的销项数据、进项数据及其他一系列数据录入 / 导入操作，接着进行下一步纳税申报表的生成，部分申报表格请见表 2-12 至表 2-15。

表 2-12 增值税及附加税费申报表
（一般纳税人适用）

根据国家税收法律法规及增值税相关规定制定本表。纳税人不论有无销售额，均应按税务机关核定的纳税期限填写本表，并向当地税务机关申报。

税款所属时间：自　　年　月　日至　　年　月　日

填表日期：　　年　　月　　日

金额单位：元（列至角分）

纳税人识别号（统一社会信用代码）：　　　　　　　　所属行业：

纳税人名称	（公章）	法定代表人姓名		注册地址		生产经营地址	
开户银行及账号			登记注册类型		电话号码		

项目		栏次	一般项目		即征即退项目	
			本月数	本年累计	本月数	本年累计
销售额	（一）按适用税率计税销售额	1				
	其中：应税货物销售额	2				
	应税劳务销售额	3				
	纳税检查调整的销售额	4				
	（二）按简易办法计税销售额	5				
	其中：纳税检查调整的销售额	6				
	（三）免、抵、退办法出口销售额	7			—	—
	（四）免税销售额	8			—	—
	其中：免税货物销售额	9			—	—
	免税劳务销售额	10			—	—
税款计算	销项税额	11				
	进项税额	12				
	上期留抵税额	13				—
	进项税额转出	14				
	免、抵、退应退税额	15			—	—
	按适用税率计算的纳税检查应补缴税额	16			—	—
	应抵扣税额合计	17=12+13-14-15+16		—		—

续表

项目		栏次	一般项目		即征即退项目	
			本月数	本年累计	本月数	本年累计
税款计算	实际抵扣税额	18（如 17<11，则为 17，否则为 11）				
	应纳税额	19=11-18				
	期末留抵税额	20=17-18				—
	简易计税办法计算的应纳税额	21				
	按简易计税办法计算的纳税检查应补缴税额	22			—	—
	应纳税额减征额	23				
	应纳税额合计	24=19+21-23				
税款缴纳	期初未缴税额（多缴为负数）	25				
	实收出口开具专用缴款书退税额	26			—	—
	本期已缴税额	27=28+29+30+31				
	①分次预缴税额	28		—		—
	②出口开具专用缴款书预缴税额	29		—	—	—
	③本期缴纳上期应纳税额	30				
	④本期缴纳欠缴税额	31				
	期末未缴税额（多缴为负数）	32=24+25+26-27				
	其中：欠缴税额（≥0）	33=25+26-27		—		—
	本期应补（退）税额	34=24-28-29		—		—
	即征即退实际退税额	35	—	—		
	期初未缴查补税额	36			—	—
	本期入库查补税额	37			—	—
	期末未缴查补税额	38=16+22+36-37			—	—
附加税费	城市维护建设税本期应补（退）税额	39			—	—
	教育费附加本期应补（退）费额	40			—	—
	地方教育附加本期应补（退）费额	41			—	—

声明：此表是根据国家税收法律法规及相关规定填写的，本人（单位）对填报内容（及附带资料）的真实性、可靠性、完整性负责。

纳税人（签章）：　　　　年　月　日

经办人： 经办人身份证号： 代理机构签章： 代理机构统一社会信用代码：	受理人： 受理税务机关（章）： 受理日期：　年　月　日

表 2-13　增值税及附加税费申报表附列资料（一）
（本期销售情况明细）

税款所属时间：　　年　　月　　日至　　年　　月　　日

纳税人名称：（公章）　　　　　　　　　　　　　　金额单位：元（列至角分）

项目及栏次				开具增值税专用发票		开具其他发票		未开具发票		纳税检查调整		合计			服务、不动产和无形资产扣除项目本期实际扣除金额	扣除后	
				销售额	销项（应纳）税额	销售额	销项（应纳）税额	销售额	销项（应纳）税额	销售额	销项（应纳）税额	销售额	销项（应纳）税额	价税合计		含税（免税）销售额	销项（应纳）税额
				1	2	3	4	5	6	7	8	9=1+3+5+7	10=2+4+6+8	11=9+10	12	13=11-12	14=13÷（100%+税率或征收率）×税率或征收率
一、一般计税方法计税	全部征税项目	13% 税率的货物及加工修理修配劳务	1											—	—	—	—
		13% 税率的服务、不动产和无形资产	2														
		9% 税率的货物及加工修理修配劳务	3											—	—	—	—
		9% 税率的服务、不动产和无形资产	4														
		6% 税率	5														

续表

项目及栏次				开具增值税专用发票		开具其他发票		未开具发票		纳税检查调整		合计			服务、不动产和无形资产扣除项目本期实际扣除金额	扣除后	
				销售额	销项（应纳）税额	销售额	销项（应纳）税额	销售额	销项（应纳）税额	销售额	销项（应纳）税额	销售额	销项（应纳）税额	价税合计		含税（免税）销售额	销项（应纳）税额
				1	2	3	4	5	6	7	8	9=1+3+5+7	10=2+4+6+8	11=9+10	12	13=11−12	14=13÷（100%+税率或征收率）×税率或征收率
一、一般计税方法计税	其中：即征即退项目	即征即退货物及加工修理修配劳务	6	—	—	—	—	—	—	—	—			—	—	—	—
		即征即退服务、不动产和无形资产	7	—	—	—	—	—	—	—	—						
二、简易计税方法计税	全部征税项目	6% 征收率	8							—	—			—	—	—	—
		5% 征收率的货物及加工修理修配劳务	9a							—	—			—	—	—	—
		5% 征收率的服务、不动产和无形资产	9b							—	—						
		4% 征收率	10							—	—			—	—	—	—
		3% 征收率的货物及加工修理修配劳务	11							—	—			—	—	—	—

续表

项目及栏次				开具增值税专用发票		开具其他发票		未开具发票		纳税检查调整		合计			服务、不动产和无形资产扣除项目本期实际扣除金额	扣除后	
				销售额	销项（应纳）税额	销售额	销项（应纳）税额	销售额	销项（应纳）税额	销售额	销项（应纳）税额	销售额	销项（应纳）税额	价税合计		含税（免税）销售额	销项（应纳）税额
				1	2	3	4	5	6	7	8	9=1+3+5+7	10=2+4+6+8	11=9+10	12	13=11-12	14=13÷（100%+税率或征收率）×税率或征收率
二、简易计税方法计税	全部征税项目	3%征收率的服务、不动产和无形资产	12							—	—						
		预征率 %	13a							—	—						
		预征率 %	13b							—	—						
		预征率 %	13c							—	—						
	其中：即征即退项目	即征即退货物及加工修理修配劳务	14	—	—	—	—	—	—	—	—			—	—	—	—
		即征即退服务、不动产和无形资产	15	—	—	—	—	—	—	—	—						
三、免抵退税	货物及加工修理修配劳务		16	—	—		—		—	—	—		—	—	—	—	—
	服务、不动产和无形资产		17	—	—		—		—	—	—		—				—
四、免税	货物及加工修理修配劳务		18				—		—	—	—		—	—	—	—	—
	服务、不动产和无形资产		19	—	—		—		—	—	—		—				—

表 2-14 增值税及附加税费申报表附列资料（二）
（本期进项税额明细）

税款所属时间：　　年　　月　日至　　年　　月　　日

纳税人名称：(公章)　　　　　　　　　　　　金额单位：元（列至角分）

一、申报抵扣的进项税额				
项目	栏次	份数	金额	税额
（一）认证相符的增值税专用发票	1=2+3			
其中：本期认证相符且本期申报抵扣	2			
前期认证相符且本期申报抵扣	3			
（二）其他扣税凭证	4=5+6+7+8a+8b			
其中：海关进口增值税专用缴款书	5			
农产品收购发票或者销售发票	6			
代扣代缴税收缴款凭证	7		—	
加计扣除农产品进项税额	8a	—	—	
其他	8b			
（三）本期用于购建不动产的扣税凭证	9			
（四）本期用于抵扣的旅客运输服务扣税凭证	10			
（五）外贸企业进项税额抵扣证明	11	—	—	
当期申报抵扣进项税额合计	12=1+4+11			

二、进项税额转出额		
项目	栏次	税额
本期进项税额转出额	13=14至23之和	
其中：免税项目用	14	
集体福利、个人消费	15	
非正常损失	16	
简易计税方法征税项目用	17	
免抵退税办法不得抵扣的进项税额	18	
纳税检查调减进项税额	19	
红字专用发票信息表注明的进项税额	20	
上期留抵税额抵减欠税	21	
上期留抵税额退税	22	
异常凭证转出进项税额	23a	
其他应作进项税额转出的情形	23b	

续表

三、待抵扣进项税额				
项目	栏次	份数	金额	税额
（一）认证相符的增值税专用发票	24	—	—	—
期初已认证相符但未申报抵扣	25			
本期认证相符且本期未申报抵扣	26			
期末已认证相符但未申报抵扣	27			
其中：按照税法规定不允许抵扣	28			
（二）其他扣税凭证	29=30 至 33 之和			
其中：海关进口增值税专用缴款书	30			
农产品收购发票或者销售发票	31			
代扣代缴税收缴款凭证	32		—	
其他	33			
	34			
四、其他				
项目	栏次	份数	金额	税额
本期认证相符的增值税专用发票	35			
代扣代缴税额	36	—	—	

表 2-15　增值税及附加税费申报表附列资料（三）
（服务、不动产和无形资产扣除项目明细）

税款所属时间：　　年　　月　日至　　年　　月　　日

纳税人名称：（公章）　　　　　　　　金额单位：元（列至角分）

项目及栏次		本期服务、不动产和无形资产价税合计额（免税销售额）	服务、不动产和无形资产扣除项目				
			期初余额	本期发生额	本期应扣除金额	本期实际扣除金额	期末余额
		1	2	3	4=2+3	5（5 ≤ 1 且 5 ≤ 4）	6=4-5
13% 税率的项目	1						
9% 税率的项目	2						
6% 税率的项目（不含金融商品转让）	3						
6% 税率的金融商品转让项目	4						
5% 征收率的项目	5						
3% 征收率的项目	6						
免抵退税的项目	7						
免税的项目	8						

2.4.2 增值税的缴纳申报

增值税的纳税申报由纳税人在税法规定的纳税期限内完成，不管当期纳税人是否发生应税行为，都应向当地主管税务机关进行纳税申报。增值税一般纳税人的纳税申报由一系列连续的动作完成，会计人员除了完成会计账务处理，还需要进行发票认证、网络申报等一系列操作，直到税款缴纳完成。

2.5 财税小点拨——增值税合理节税

增值税的涉税范围广，是我国主要税种之一，也是众多企业承担的主要税负，通过对影响增值税应纳税额各因素的分析，使用缩小税基、增加扣除项目、降低适用税率或利用税收优惠政策等方法，往往能使企业缴纳的增值税额减少，达到合理节税的目的。

增值税的节税在企业的每一项经济业务中都可以体现，比如企业初始建立时如何选择纳税人身份，购进货物时供货商的选择，企业运输是自营车辆还是外请车辆，销售使用过的固定资产应该将售价定在原价之上还是原价之下，等等。本节将对最为常见的购进价格的税务筹划进行讲解。

注：因税务筹划为本书的非重要知识点，在后续的各章节末，对各税种的税务筹划只略作讲解。

购进货物价格的纳税筹划：

纳税人维持运营，就需要从不同的供应商处购进商品和劳务，从一般纳税人处购进还是从小规模纳税人处购进，往往会直接影响到企业的增值税税负和收益额。

一般而言，在货物质量和价格相同的情况下进行选择相对比较简单，对方开具发票的税率越高，企业可抵扣的进项税额越大，应纳税额则越小。但在实际的经济业务中，小规模纳税人或个体经营户为了谋得一定的市场，往往会通过降低销售额来与一般纳税人进行竞争。那么对于不同的购买价格来说，企业应该怎样进行选择呢？

可以先使双方的收益额相等，再来进行比较，纳税企业为一般纳税人，先假定下列信息：

S：纳税企业的含税销售额；

P：企业从一般纳税人处购货的含税购进额；

T_1：一般纳税人供应商的增值税税率；

R：小规模纳税人的含税购进额与一般纳税人的含税购进额比率；

T_2：小规模纳税人征收率。

因企业成本的其他项目如人工、加工费等与原料的来源关系不大，所以企业的收益额计算为销售收入减去原料购进成本与应纳税额之差。

纳税企业收益额计算：

① 从一般纳税人处购进，取得增值税专用发票后收益：

$$S-P-[S\div(1+T_1)\times T_1-P\div(1+T_1)\times T_1]=(S-P)\div(1+T_1)$$

② 从小规模纳税人处购进，取得税务局代开的增值税专用发票后收益：

$$S-P\times R-[S\div(1+T_1)\times T_1-P\times R\div(1+T_1)\times T_2]=S\div(1+T_1)-P\times R\div(1+T_2)$$

③ 当两者收益相等时：

$$(S-P)\div(1+T_1)=S\div(1+T_1)-P\times R\div(1+T_2)$$

则：

$$R=(1+T_2)\div(1+T_1)\times 100\%$$

如果小规模纳税人无法提供增值税专用发票，只能开具普通发票时，则：

$$R=1\div(1+T_1)\times 100\%$$

一般纳税人与小规模纳税人购进价格比率如表 2-16 所示。

表 2-16　两种纳税人购进价格比率

一般纳税人适用税率（T_1）	小规模纳税人适用征收率（T_2）	两者的含税价格比率（R）	
		取得增值税专用发票	未取得增值税专用发票
13%	3%	91.15%	88.50%
9%		94.49%	91.74%

从上述公式可以看出，纳税企业从一般纳税人还是小规模纳税人处购买货物，只要对比两者的实际含税价格，当实际含税（不含税）价格的比率小于 R 时，选择从小规模纳税人处购买货物较为划算；当实际含税价格的比率大于 R 时，则从一般纳税人处购进货物较为划算；两者价格之比相等时，则应从其他角度出发选择供应商。

提示：一般纳税人采购货物除考虑所获收益外，还应考虑随增值税变化而变化的城市维护建设税、教育费附加和企业所得税。

第3章 消费税

在日常生活中时常可以看到一些关于国家进行消费税调整，对高档化妆品、烟、酒、汽车等商品产生影响的新闻，从这里可以得知，消费税是与人们生活息息相关的税种之一。那我国的消费税是如何征收、由哪些人承担，又是怎样实施的呢？本章将介绍我国现行消费税的基本规定、消费税的计算方法及会计上的处理等知识点。

3.1 消费税的基础知识

消费税的历史久远，我国早在汉朝时期就出现了对地主、商人自行酿酒卖酒征税的行为。1994 年 1 月 1 日《中华人民共和国消费税暂行条例》（简称《消费税暂行条例》）正式实施，使消费税作为独立税种开始在全国征收，2006 年、2014 年、2016 年国家先后三次对消费税进行修订和补充，做了一系列调整。目前，世界上已有 100 多个国家开征了消费税。

3.1.1 消费税简述

消费税是一种流转税，是对消费品和特定的消费行为按消费流转的金额征收的一种商品税，分为一般消费税和特别消费税，它是一种特殊的货物税。

（1）消费税的概念和特点

消费税是国家引导消费结构、保证财政收入的重要手段。在我国，消费税是对国家境内从事生产、委托加工和进口应税消费品的单位和个人就其应税消费品征收的一种税，它是针对部分消费品进行征税的一种流转税。

很多国家已经开征消费税，各个国家消费税的征收一般做法大致相同，但又各具特点。我国消费税的特点如下。

① 征收范围具有选择性：我国的消费税只对部分消费品征收，税法明确规定，只对消费税税目上列举的应税消费品征收消费税。

② 征税环节的单一性：除个别消费品的纳税环节为零售等环节外，消费税的纳税环节主要集中在生产环节或进口环节。

③ 平均税率水平较高且税负的差异较大：消费税是国家作为税收杠杆对部分消费品进行调整的税种，因此，其平均税率水平一般较高，并针对不同的征税项目实行差异较大的税负。

④ 灵活征收：消费税的征收方法灵活多样，存在着从量定额、比例税率、从价征收及从量征收等多种征收方法。

⑤ 税负转嫁：消费税税负的最终承担者为消费者。

（2）消费税的计税方法和作用

消费税主要采用三种计税方法：

① 从价定率征收法：针对不同的应税消费品确定出不同的比例税率，应纳消费税额就是以消费品的销售额乘以比例税率。

② 从量定额征收法：对不同的应税消费品确定不同的单位税额，再以应税消费品的数量乘以单位税额得出应纳税额。

③ 从价定率与从量定额复合计税法：在这种方法下，对同一应税消费品同

时采用上述两种计税方法进行税额的计算，以两者之和作为应税消费品的应纳税额。在我国，烟、酒的消费税征收采用此种方法。

消费税对危害人们健康的消费品及其他一些非日常生活必需品进行征税，在税收中具有不可小觑的地位。消费税的作用主要有：

① 调节消费结构；

② 限制某些商品的消费规模，引导消费者的消费方向；

③ 能够及时、足额地保证财政收入；

④ 在一定程度上缓解目前存在的社会分配不公的问题。

（3）消费税与增值税的关系

在我国的税制体系中，消费税作为一种税收，对比增值税来说，可以用“配角”来形容。两者之间既存在着一定的联系，又各自区别开来，它们之间的关系可见表 3-1。

表 3-1 消费税与增值税的关系

区别	联系
1. 两者的征税范围不同	1. 两者都是对货物征收
2. 两者与价格的关系不同：增值税是价外税，消费税是价内税	2. 对于按从价定率征收消费税的商品，征收消费税的同时需要征收增值税，两者计税依据是一致的
3. 增值税是按照两类纳税人来计算的，消费税是根据应税消费品来划分和计算的	—

3.1.2 消费税的纳税范围及纳税义务人

在我国，消费税的纳税义务人是在我国境内从事生产、委托加工和进口《消费税暂行条例》中规定的消费品的单位和个人。其中所指的“单位”和“个人”与增值税中的“单位”和“个人”含义相同，“我国境内”指应税消费品的起运地或者所在地属于我国境内。

消费税征收包括了四个环节：生产、委托加工、进口或零售。其征税范围有：

① 生产销售应税消费品：这是消费税征收最主要的环节，纳税人生产的应税消费品在对外销售、换取生产资料、投资入股、偿还债务以及继续生产应税消费品以外的其他方面，都应按规定缴纳消费税。

② 委托加工应税消费品：委托方将自己的原料和主要材料提供给受托方，由受托方代垫辅助材料并收取加工费而加工的应税消费品应缴纳消费税。

注：委托加工收回的应税消费品，用于继续生产应税消费品再进行销售的，可以扣除加工环节已缴纳的消费税款。

③ 进口应税消费品：单位和个人进口货物属于应税消费品的，由海关在进口环节代为征收消费税。

④ 零售应税消费品：在零售环节征收消费税的应税消费品有金银首饰、钻石及钻石饰品、超豪华小汽车。

3.1.3 消费税的税目和税率

（1）税目

目前消费税实行的是调整后的税目，包括烟、酒及高档化妆品等税目，有的税目下面还会包括若干个子目，征收消费税的税目如下：

① 烟，包括卷烟、雪茄烟、烟丝、电子烟及各种以烟叶为原料加工生产的产品，不包括烟叶。

② 酒，包括白酒、黄酒、啤酒、其他酒（含葡萄酒），不包括调味料酒、酒精。

酒是指 1 度以上的各种酒类饮料，包括粮食白酒、薯类白酒、黄酒、啤酒、果啤及其他酒。

③ 高档化妆品，包括各种用于高档护肤的化妆品和成套化妆品，不包括普通护肤护发品，舞台、戏剧、影视演员化妆用的上妆油、卸妆油、油彩、发胶和头发漂白剂等。

④ 鞭炮焰火，不包括体育上用的发令纸、鞭炮药引线。

⑤ 成品油，包括汽油、柴油、石脑油、润滑油、燃料油、溶剂油及航空煤油等子目。

注：对烷基化油（异辛烷）按照汽油征收消费税。

⑥ 贵重首饰及珠宝玉石，包括宝石坯、人造宝石、合成宝石等。

⑦ 小汽车，包括乘用车、中轻型商用客车、超豪华小汽车。

⑧ 摩托车，包括气缸容量 250 毫升（含）以上的摩托车。

⑨ 高尔夫球及球具，包括高尔夫球、球杆、球包（袋）。

⑩ 高档手表，指销售价格（不含增值税）在 1 万元（含）/ 只以上的各类手表。

⑪ 木制一次性筷子，包括未经打磨、倒角的木制一次性筷子等，不包括竹制筷子、木制工艺筷子。

⑫ 游艇，包括艇身长度大于 8 米（含）小于 90 米（含），用于非营利活动的机动艇。

⑬ 实木地板，包括实木复合地板、未经涂饰的素板等。

⑭ 电池，包括原电池、蓄电池、燃料电池、太阳能电池和其他电池。

注：对无汞原电池、金属氢化物镍蓄电池、锂原电池、锂离子蓄电池、太阳能电池、燃料电池和全钒液流电池免征消费税。

⑮ 涂料。

注：施工状态下挥发性有机物（VOC）含量低于420克/升（含）的涂料免征消费税。

（2）税率

消费税在不同的税目或子目中确定了不同的税率或单位税额，采用比例税率和定额税率两种形式。

比例税率适用于大多数应税消费品，其税率包括3%～45%多个税级；定额税率只适用于黄酒、啤酒和成品油三种应税消费品；粮食白酒、薯类白酒和卷烟三种商品实行的则是定额税率和比例税率相结合的复合计税法。

各个税目的具体税率见表3-2。

表3-2　消费税税目、税率表

税目	子目		税率（税额）	备注
一、烟	1. 卷烟	商业批发	11%加0.005元/支	批发环节
		甲类卷烟	56%加0.003元/支	①每标准条调拨价格在70元以上（含）的（甲类）生产/委托加工/进口环节
		乙类卷烟	36%加0.003元/支	②每标准条调拨价格不足70元的（乙类）生产/委托加工/进口环节
	2. 雪茄烟	—	36%	生产/委托加工/进口环节
	3. 烟丝	—	30%	生产/委托加工/进口环节
	4. 电子烟	—	36%	生产（含代加工）/进口环节
		—	11%	批发环节
二、酒	1. 粮食白酒、薯类白酒	①定额税率	0.5元/500克	
		②比例税率	20%	
	2. 黄酒	—	240元/吨	
	3. 啤酒	①每吨出厂价格在3000元以上的（甲类）	250元/吨	每吨啤酒的出厂价格包括包装物及包装物押金，但不包括供重复使用的塑料周转箱的押金
		②每吨出厂价格不足3000元的（乙类）	220元/吨	
	4. 其他酒	—	10%	

续表

税目	子目		税率（税额）	备注
三、高档化妆品		—	15%	
四、贵重首饰及珠宝玉石	1. 金银首饰、铂金首饰和钻石及钻石饰品	—	5%	零售环节
	2. 其他贵重首饰和珠宝玉石	—	10%	生产 / 委托加工 / 进口环节
五、鞭炮、焰火		—	15%	生产 / 委托加工 / 进口环节
六、成品油	1. 汽油	—	1.52 元 / 升	生产 / 委托加工 / 进口环节、定额税率
	2. 柴油	—	1.2 元 / 升	
	3. 航空煤油	—	1.2 元 / 升	
	4. 石脑油	—	1.52 元 / 升	
	5. 溶剂油	—	1.52 元 / 升	
	6. 润滑油	—	1.52 元 / 升	
	7. 燃料油	—	1.2 元 / 升	
七、高尔夫球及球具		—	10%	生产 / 委托加工 / 进口环节
八、高档手表		—	20%	
九、游艇		—	10%	
十、木制一次性筷子		—	5%	
十一、实木地板		—	5%	
十二、摩托车	1. 气缸容量 250 毫升的	—	3%	
	2. 气缸容量在 250 毫升以上（不含）的	—	10%	
十三、小汽车	1. 普通小汽车（每辆不含税零售价<130 万元）	①气缸容量在 1.0 升（含）以下的	1%	生产 / 委托加工 / 进口环节（零售环节不缴纳消费税）
		②气缸容量在 1.0 升以上至 1.5 升（含）的	3%	

续表

税目	子目		税率（税额）	备注
十三、小汽车	1. 普通小汽车（每辆不含税零售价<130万元）	③气缸容量在1.5升以上至2.0升（含）的	5%	生产/委托加工/进口环节（零售环节不缴纳消费税）
		④气缸容量在2.0升以上至2.5升（含）的	9%	
		⑤气缸容量在2.5升以上至3.0升（含）的	12%	
		⑥气缸容量在3.0升以上至4.0升（含）的	25%	
		⑦气缸容量在4.0升以上的	40%	
	2. 中轻型商用客车	乘用车	5%	生产/委托加工/进口环节（零售环节按10%征收）
十四、电池		4%		
十五、涂料		4%		

3.2 消费税的计算

消费税税率依据不同的税目分多个级别。本节将介绍各个环节消费税的计算方法。

3.2.1 消费税的计税依据

在学习消费税的计算之前，应首先了解应税消费品的销售额、销售数量如何确定，以及在消费税的计算中存在着哪些特殊规定。

（1）从价计征销售额的确定

从价定率计税法是消费税三种计税方法之一，其应纳税额等于应税消费品的销售额乘以适用税率，其中销售额与适用税率成为从价计征方法下应纳税额确定的重要因素。

销售额为纳税人销售应税消费品向购货方收取的全部价款和价外费用，此销售额中不包含增值税，但包含消费税税额。销售额与价外费用的内容与增值税的规定相同。

实行从价定率办法征收消费税的消费品如果是连同包装销售的，其计税的销售额包含包装物的价格，而不管会计上是否将包装物作为销售品或包装物是否单独计价；但对于包装物收取的押金（收取酒类产品的包装物押金除外），该押金如果不作价随同产品销售、单独核算且未逾期的，不并入应税消费品的销售额中计算缴纳消费税；过期未退还或收取时间已超过 12 个月的押金，应并入销售额中，乘以适用的税率计算缴纳消费税。

注：应税消费品在缴纳消费税的同时也应缴纳增值税，对于含增值税的销售额，应换算为不含税（增值税）销售额后进行消费税的计算，其换算方法与增值税内容一致。

（2）从量计征销售数量的确定

从量定额的消费税计算方法，其应纳税额等于应税消费品的销售数量与单位税额的乘积，销售数量与单位税额两个因素决定了应纳税额的多少。

销售数量指纳税人生产、加工或进口应税消费品的数量，不同环节应税消费品销售数量的确定如表 3-3 所示。

表 3-3　销售数量确定表

序号	征税环节	销售数量
1	销售应税消费品	应税消费品的销售数量
2	自产自用应税消费品	应税消费品的移送使用数量
3	委托加工应税消费品	纳税人收回的应税消费品数量
4	进口应税消费品	海关核定的应税消费品进口征税数量

（3）计税依据的特殊规定

消费税的计税依据除上述知识点外，还存在着一些特殊规定，具体如下：

① 卷烟从价定率计税办法的计税依据为调拨价格或核定价格。

② 纳税人自己设立非独立核算门市部对自产应税消费品进行销售的，应当按照门市部对外销售应税消费品的销售额或销售数量征收消费税。

③ 纳税人将应税消费品用于换取生产资料或消费资料、投资、抵偿债务等方面的，应按纳税人同类应税消费品销售额的最高销售价格作为计算消费税的计税依据。

④ 酒类关联企业之间的关联交易，应按照独立企业之间的业务往来作价计算消费税。白酒的生产企业向商业销售单位收取的“品牌使用费”应并入应税白酒的销售价款，进行消费税的计算和征收。

⑤ 纳税人兼营不同税率应税消费品的，应分别核算各个税率应税消费品的销售额或销售数量，如果未分别核算或是将不同税率的应税消费品组成成套销售

的，从高适用税率。

3.2.2 生产销售环节消费税的计算

企业自行生产的应税消费品既可以用来直接对外销售，又可以拿来自用，两者应纳消费税的计算方法各有不同。

（1）直接对外销售应纳消费税的计算

企业应税消费品直接对外销售的，根据其不同的消费品适用从价定率、从量定额、复合计税三种计算方法，各类方法的计算如表 3-4 所示。

表 3-4 直接对外销售消费税的计算方法

序号	计税方法	计税依据	适用范围	计算公式
1	从价定率计税	销售额	除以下项目之外的应税消费品	销售额 × 比例税率
2	从量定额计税	销售数量	啤酒、黄酒、成品油	销售数量 × 单位税额
3	复合计税	销售额、销售数量	粮食白酒、薯类白酒、卷烟	销售额 × 比例税率 + 销售数量 × 单位税额

【例 3-1】 某一般纳税人生产企业，销售自产的一批高档化妆品给某大型商场，开具增值税专用发票，注明价款 20 万元，增值税额 2.6 万元。计算该生产企业应缴纳的消费税。

分析：高档化妆品的消费税税率为 30%，属于从价定率计税的应税消费品。

该笔经济业务应缴纳的消费税额 =20×30%=6（万元）

【例 3-2】 某啤酒厂 2019 年 8 月销售甲类啤酒 300 吨，每吨出厂价格为 3100 元。计算该笔业务啤酒厂应纳消费税税额。

分析：啤酒、黄酒和成品油属于从量定额计税的应税消费品，而甲类啤酒（出厂价在 3000 元 / 吨以上）的税率为 250 元 / 吨。

应纳消费税税额 =300×250=75000（元）

【例 3-3】 某酒业生产企业为一般纳税人，2024 年 8 月销售粮食白酒 30 吨，取得不含税（增值税）销售额 100 万元。计算该生产企业当月应缴纳的消费税额。

分析：粮食白酒消费税的计税方法采用复合计税法，其适用的比例税率为 20%，定额税率为 0.5 元 /500 克。计算公式为：

应纳税额 = 销售额 × 比例税率 + 销售数量 × 单位税额

应纳消费税税额 =30×2000×0.00005+100×20%=23（万元）

注意：应换算为相同单位进行计算。

（2）自产自用应纳消费税的计算

纳税人将生产的应税消费品不直接对外销售，而是用于本企业连续生产应税消费品或其他方面，称为“自产自用”。

纳税人将应税消费品作为生产最终消费品的直接材料，并且构成最终消费品产品实体的情况，称作将应税消费品用于连续生产（比如卷烟厂用自产的烟丝再连续生产卷烟），这时不缴纳消费税，避免税收重复。

但纳税人将自产的应税消费品用于其他方面（除连续生产应税消费品外）的，于移送使用时纳税。也就是说，纳税人自产应税消费品不用于销售或连续生产应税消费品的，只要在税法所规定的范围内，都应依法计算缴纳消费税。

提示：“用于其他方面”是指纳税人用于生产非应税消费品（消费税条例税目所列的14类产品以外的产品）和在建工程、非生产机构，以及用于捐赠、集资、广告、职工福利、奖励等方面。

纳税人将自产的应税消费品用于其他用途的，应按照纳税人生产的同类消费品的售价进行消费税计税，无同类消费品销售价格的，应按照组成计税价格计算消费税。计税公式为：

① 从价定率计税方法的组成计税价格公式：

$$组成计税价格=（成本+利润）\div（1-比例税率）$$

$$应纳税额=组成计税价格\times 比例税率$$

② 复合计税方法的组成计税价格公式：

$$组成计税价格=（成本+利润+自产自用\times 定额税率）\div（1-比例税率）$$

$$应纳税额=组成计税价格\times 比例税率+自产自用数量\times 定额税率$$

其中利润是指应税消费品的全国平均成本利润，由国家税务总局确定，各应税消费品的平均成本利润率可见表3-5。

表3-5　应税消费品的平均成本利润率

<table>
<tr><th>序号</th><th>应税消费品名称</th><th>平均成本利润率</th><th>序号</th><th>应税消费品名称</th><th>平均成本利润率</th></tr>
<tr><td>1</td><td>烟丝</td><td rowspan="10">5%</td><td>11</td><td>甲类卷烟</td><td rowspan="4">10%</td></tr>
<tr><td>2</td><td>雪茄烟</td><td>12</td><td>粮食白酒</td></tr>
<tr><td>3</td><td>乙类卷烟</td><td>13</td><td>高尔夫球及球具</td></tr>
<tr><td>4</td><td>薯类白酒</td><td>14</td><td>游艇</td></tr>
<tr><td>5</td><td>其他酒</td><td>15</td><td>贵重首饰及珠宝玉石</td><td rowspan="2">6%</td></tr>
<tr><td>6</td><td>酒精</td><td>16</td><td>摩托车</td></tr>
<tr><td>7</td><td>高档化妆品</td><td>17</td><td>木制一次性筷子</td><td rowspan="2">5%</td></tr>
<tr><td>8</td><td>鞭炮、焰火</td><td>18</td><td>实木地板</td></tr>
<tr><td>9</td><td>汽车轮胎</td><td>19</td><td>乘用车</td><td>8%</td></tr>
<tr><td>10</td><td>中轻型商用客车</td><td>20</td><td>高档手表</td><td>20%</td></tr>
</table>

【例 3-4】 某汽车制造厂将自产的乘用车（汽缸容量 2.0 升）一辆转作自用固定资产，该乘用车没有同类消费品的销售价格，生产成本为 15 万元。请计算应缴纳的消费税。

分析：没有同类消费品销售价格的，应按组成计税价格计税。乘用车的平均成本利润率为 8%，适用税率为 5%，其组成计税价格计算如下：

组成计税价格 =（成本 + 利润）÷（1- 比例税率）

=150000×（1+8%）÷（1-5%）=170526（元）

应缴纳的消费税税额 =170526×5%=8526（元）

3.2.3 委托加工环节消费税的计算

纳税人提供原料和主要材料，委托其他单位代为加工应税消费品，由受托方收取加工费和代垫部分辅助材料的，属于征收消费税的范围，由受托方在向委托方交货时代收代缴消费税。

如果受托方未按规定代收代缴消费税，应由委托方补缴税款：已收回直接销售的，按销售额计算消费税；已收回未销售或不能直接销售的，按委托加工业务的组成计税价计算消费税。

提示：委托加工的受托方是个人或个体经营者的，所加工的应税消费品应缴纳的消费税，由委托方收回后向所在地主管税务机关缴纳。

受托方代收代缴消费税，应按受托方同类应税消费品的销售价格计算缴纳消费税；无同类应税消费品可比价格的，则按组成计税价格计税。对于受托方已代收代缴消费税的，委托方收回后直接销售的，无须再重新征收消费税。

委托加工业务组成计税价格的公式如下：

① 从价定率方法的组成计税价格：

组成计税价格 =（材料成本 + 加工费）÷（1- 比例税率）

② 复合计税方法的组成计税价格：

组成计税价格 =（材料成本 + 加工费 + 委托加工数量 × 定额税率）÷（1- 比例税率）

其中：材料成本是指委托方提供加工材料的实际成本；加工费是受托方进行加工向委托方收取的全部费用，含代垫的辅助材料实际成本。

【例 3-5】 某企业受托加工应税消费品一批，委托方提供的材料成本为 10 万元，收取委托方加工费 1 万元（不含增值税），该批应税消费品消费税税率为 10%，无同类产品市场价格。计算该企业应代收代缴的消费税。

分析：无同类价格的，应按委托加工业务的组成计税价格进行计税。

组成计税价格 =（材料成本 + 加工费）÷（1- 比例税率）

组成计税价格 =（10+1）÷（1-10%）=12.22（万元）

应代收代缴消费税 =12.22×10%=1.22（万元）

【例 3-6】 甲酒厂从农业生产者手中收购粮食，共计支付收购价款 30000 元。甲酒厂将收购的粮食从收购地直接运往异地的乙酒厂生产加工白酒，白酒加工完毕，企业收回白酒 8 吨，取得乙酒厂开具的防伪税控增值税专用发票，注明加工费 15000 元，代垫辅料价值 7500 元，加工的白酒当地无同类产品市场价格。请计算甲酒厂应代收代缴的消费税。

分析： 白酒属于复合计税的应税消费品，在无同类产品市场价格的情况下，应按组成计税价格进行计税。组成计税价格 =（材料成本 + 加工费 + 委托加工数量 × 定额税率）÷（1－ 比例税率）；白酒的适用比例税率为 20%，定额税率为每 500 克 0.5 元；免税农产品作为原料的，其包含的 9% 的进项税额应予以扣除。

组成计税价格 =［30000×（1−9%）+（15000+7500）+8×2000×0.5］÷（1−20%）=72250（元）

应代收代缴消费税 = 销售额 × 比例税率 + 销售数量 × 单位税额 =72250×20%+8×2000×0.5=22450（元）

3.2.4 消费税税额的扣除和减征

消费税采用单一环节征税，对于外购和委托加工收回的应税消费品作为继续生产应税消费品原料的，其外购和委托加工收回应税消费品已缴纳的消费税可以进行扣除。

（1）外购应税消费品已缴消费税的扣除

将外购应税消费品用于连续生产应缴纳消费税的商品，可依税法规定按当期生产领用数量计算扣除外购应税消费品的已纳消费税税额。

已缴纳消费税的扣除公式如下：

当期准予扣除的外购应税消费品已纳税款 = 当期准予扣除的外购应税消费品买价 × 外购应税消费品适用税率

当期准予扣除的外购应税消费品买价 = 期初库存的外购应税消费品买价 + 当期购进的外购应税消费品买价 − 期末库存的外购应税消费品买价

【例 3-7】 某烟厂 7 月初库存 2 万元外购烟丝，当月又购进 5 万元应税烟丝，月末库存烟丝金额为 3 万元，其余为当月生产卷烟领用。请计算该企业当月准予扣除的外购烟丝已纳消费税额。

分析： 烟丝的适用税率为 30%，外购烟丝（属于应税消费品）用于连续生产卷烟（同样是应税消费品），其外购烟丝已缴纳的消费税可予扣除。

生产领用部分烟丝的买价 =2+5−3=4（万元）

本月准予扣除的消费税 =4×30%=1.2（万元）

对某些扣税环节，税法上有特殊的规定：

① 在零售环节缴纳消费税的金银首饰（含镶嵌首饰）、钻石及钻石饰品，其

已纳消费税不得扣除；

② 对于本身不生产应税消费品的生产企业，将应税消费品购进后再销售的，其销售的高档化妆品、鞭炮、焰火和珠宝玉石，凡不直接进入消费品市场构成最终消费品而需要进一步加工的，应征收消费税，同时可予扣除上述外购应税消费品已缴交的消费税；

③ 可予扣除已缴消费税的应税消费品只能是从工业企业购进的或是进口环节已纳消费税的应税消费品，如果是从境内商业企业购进的应税消费品，则已缴交的消费税款不得扣除。

（2）委托加工收回应税消费品已纳税款的扣除

委托加工收回应税消费品已经缴交的消费税的扣除范围与外购应税消费品可予扣除的消费税的范围一样，其准予抵扣的消费税计算公式如下：

当期准予扣除的委托加工应税消费品已纳税款＝期初库存的委托加工应税消费品已缴交的消费税＋当期收回的委托加工应税消费品已缴交的消费税－期末库存的委托加工应税消费品已缴交的消费税

3.3 消费税的会计处理

缴纳消费税的纳税人，应按《中华人民共和国消费税暂行条例》的有关规定按时缴纳消费税，并通过“应交税费——应交消费税”明细科目进行会计核算和会计处理。通过该明细科目的借方核算企业实际缴纳的消费税和待扣的消费税，贷方核算企业按规定应交的消费税，“应交税费——应交消费税”明细科目期末贷方余额表示暂未缴纳的消费税，借方余额则反映企业多缴的消费税。

3.3.1 应税消费品销售的会计处理

应税消费品销售所收取的全部价款都应计入销售额进行计税，那么，在应税消费品销售情况下就会出现是否包含价外费用的问题，下面介绍不同情况下应税消费品销售的会计处理。

（1）应税消费品销售的会计处理

纳税人销售自制应税消费品，按计算出的应缴纳消费税税额，借记“税金及附加”科目，贷记“应交税费——应交消费税”科目，实际缴纳时，借记“应交税费——应交消费税”科目，贷记“银行存款”等相关科目。

【例 3-8】 某工厂 7 月对外销售应税消费品一批，开具的增值税专用发票上注明销售额 50000 元，增值税额 6500 元，该应税消费品适用税率为 10%。请计算工厂 7 月应缴纳的消费税并做相关的会计处理。

应缴纳的消费税税额 =50000×10%=5000（元）

相关的会计处理如下：

借：银行存款 / 应收账款　　56500

　贷：主营业务收入　　50000

　　　应交税费——应交增值税（销项税额）　　6500

借：税金及附加　　5000

　贷：应交税费——应交消费税　　5000

（2）应税消费品包装物应交消费税的会计处理

包装物是企业为了包装商品，便于储存和保管或美化产品而使用的各种容器，在产品销售时，包装物的使用就出现了多种情形：与商品一起销售但不单独计价、与商品一起销售且单独计价、出借包装物、出租包装物、与商品一起销售的同时又收取包装物押金等。包装物的使用方式不同，会计处理方式也不同。

① 随同应税消费品销售但不单独计价的包装物的会计处理。随同应税消费品销售但不单独计价的包装物，实行从价定率办法计算消费税的，无论包装是否单独计价，也不论会计上是否作销售处理，都应并入产品的销售收入中计征消费税，同时将包装物的成本作为“销售费用”转出。

【例 3-9】 某化妆品公司 7 月销售高档化妆品一批，附带包装物一起销售，销售价款及增值税合计 113000 元，已通过银行存款收回，该批化妆品的成本价为 60000 元，包装物成本 2000 元。请做相关会计分录。

分析：高档化妆品属于从价定率计征的应税消费品，消费税税率为 15%，连同应税消费品一同销售的包装物应并入产品销售收入计征消费税。

应交消费税 =113000÷（1+13%）×15%=15000（元）

相关分录如下：

确认收入时：

借：银行存款　　113000

　贷：主营业务收入　　100000

　　　应交税费——应交增值税（销项税额）　　13000

计算应交消费税：

借：税金及附加　　15000

　贷：应交税费——应交消费税　　15000

结转产品及包装物成本：

借：主营业务成本　　60000

　贷：库存商品　　60000

借：销售费用　　2000

　贷：周转材料——包装物　　2000

② 随同应税消费品销售并且单独计价的包装物的会计处理。随同销售且单独计价的包装物，其所得收入应计入“其他业务收入”科目，成本结转入“其他业务成本”科目，其计算应缴纳的消费税则计入“税金及附加”科目。

【例 3-10】 卷烟厂销售烟丝一批，开具增值税专用发票上注明价款 150000 元，增值税税额 19500 元，同时收取单独计价的包装物价款 3510 元，价款已通过银行收取。已知该批烟丝的成本 90000 元，包装物成本 2100 元。请计算该笔业务应缴纳的消费税，并进行相关会计处理。

分析：烟丝属于适用从价定率范围的应税消费品，其适用的消费税税率为 30%。随同应税消费品销售且单独计价的包装物，应计算相应应缴纳的消费税。

应交消费税 =（150000+3510÷1.13）×30%=45931.86（元）

增值税销项税额 =（150000+3510÷1.13）×13%=19903.81（元）

相关会计分录如下：

确认收入：

借：银行存款　　173010

　贷：主营业务收入　　150000

　　　其他业务收入　　3106.19

　　　应交税费——应交增值税（销项税额）　　19903.81

应交消费税：

借：税金及附加　　45931.86

　贷：应交税费——应交消费税　　45931.86

结转成本：

借：主营业务成本　　90000

　贷：库存商品　　90000

借：其他业务成本　　2100

　贷：周转材料——包装物　　2100

3.3.2 委托加工应税消费品的会计处理

纳税人将应税消费品委托加工的，其委托加工的应税消费品由受托方在交付商品时代扣代缴消费税税款，委托方将委托加工应税消费品收回后，又可以分直接销售和继续生产两种情况对已缴纳的消费税作不同的会计处理。

（1）收回后直接对外销售

委托加工应税消费品由委托方收回后直接对外销售的，在销售时不再缴纳消费税，其已缴纳的消费税应计入委托加工应税消费品的成本。委托方根据支付的加工费和受托方代收代缴消费税的凭证借记“委托加工物资”“生产成本”等科目，贷记“银行存款”“应付账款”等科目。

【例 3-11】 某工厂委托外单位加工应税消费品（消费税税率 10%）一批，对外提供应税消费品 50000 元，双方协议此次加工费（不含增值税）为 10000 元，2024 年 7 月 20 日，该工厂收回已加工好的应税消费品用于直接对外销售，加工费与受托方代扣代缴的消费税已通过银行存款一同支付。相关会计分录如下：

① 委托方。

发出材料时：

借：委托加工物资　　50000

　贷：原材料　　50000

支付加工费：

借：委托加工物资　　10000

　　应交税费——应交增值税（进项税额）　　1300

　贷：银行存款　　11300

支付受托方代扣代缴的消费税：

代扣代缴消费税 =（50000+10000）÷（1−10%）×10%=6667（元）

借：委托加工物资　　6667

　贷：银行存款　　6667

加工收回：

借：库存商品　　66667（50000+10000+6667）

　贷：委托加工物资　　66667

② 受托方。

收取加工费时：

借：银行存款　　11300

　贷：主营业务收入 / 其他业务收入　　10000

　　　应交税费——应交增值税（销项税额）　　1300

收取代扣代缴消费税时：

借：银行存款　　6667

　贷：应交税费——应交消费税　　6667

上缴消费税时：

借：应交税费——应交消费税　　6667

　贷：银行存款　6667

（2）收回后连续生产应税消费品

委托加工应税消费品由委托方收回后用于连续生产应税消费品的，按税法规定已缴纳的消费税准予抵扣，委托方按代扣代缴的消费税款，借记“应交税费——应交消费税”科目，贷记“应付账款”“银行存款”等科目。

【例 3-12】 承【例 3-11】，假定上述应税消费品由委托方收回后继续加工，则委托方相应的会计分录应为：

发出材料时：

借：委托加工物资　　　　50000

　贷：原材料　　　　50000

支付加工费：

借：委托加工物资　　　　10000

　　应交税费——应交增值税（进项税额）　　　　1300

　贷：银行存款　　　　11300

支付受托方代扣代缴的消费税：

代扣代缴消费税 =（50000+10000）÷（1-10%）×10%=6667（元）

借：应交税费——应交消费税　　　　6667

　贷：银行存款　　　　6667

加工收回：

借：库存商品　　　　66667（50000+10000+6667）

　贷：委托加工物资　　　　66667

受托方的会计分录处理同【例 3-11】。

3.3.3 应税消费品视同销售的会计处理

同增值税类似，企业将应税消费品用于投资，换取生产资料、消费资料等时，虽然在会计上不作销售处理，但按税法要求应视同销售，征收消费税。

（1）企业以生产的应税消费品作为投资应交消费税的会计处理

企业以生产的应税消费品作为投资应视同销售缴纳消费税，借记“长期股权投资”科目，贷记“库存商品”等科目，按应缴纳的消费税贷记“应交税费——应交消费税”科目。

【例 3-13】 汽车制造厂以自行生产的乘用车（排气量 2.0 升）10 辆对外进行投资，该类乘用车每辆实际成本为 100000 元，市场售价（不含增值税）为 150000 元。请计算该汽车制造厂应缴纳的消费税并作出相关会计分录。

分析：企业以生产的应税消费品对外投资的，应视同销售缴纳增值税和消费税。乘用车（排气量 2.0 升）的适用消费税税率为 5%。

$$应交增值税 =150000\times13\%\times10=195000（元）$$

$$应交消费税 =150000\times5\%\times10=75000（元）$$

借：长期股权投资　　　　1270000

　贷：库存商品　　　　1000000

　　应交税费——应交增值税（销项税额）　　　　195000

　　应交税费——应交消费税　　　　75000

（2）企业以生产的应税消费品换取生产资料、消费资料或抵偿债务的会计处理

企业以生产的应税消费品换取生产资料、消费资料或是抵偿债务的，应视同销售行为，以纳税人销售同类应税消费品的销售价格为计税依据计算应缴消费税。

【例 3-14】 某企业将自产的应税消费品 10000 元（不含增值税）用于抵偿供应商的应付账款，该应税消费品消费税税率为 10%。请计算该笔业务应交的消费税，并作相关的会计处理。

分析：以应税消费品进行抵偿债务视同销售行为，应按规定缴纳消费税。

应交消费税 =10000×10%=1000（元）

应交增值税 =10000×13%=1300（元）

借：应付账款　　11300

　贷：库存商品　　10000

　　应交税费——应交增值税（销项税额）　　1300

借：税金及附加　　1000

　贷：应交税费——应交消费税　　1000

（3）企业将自产应税消费品用于在建工程、非生产机构等方面的会计处理

企业将自产应税消费品用于在建工程、非生产机构等方面时，虽然不存在销售行为，在会计处理上也不做销售入账，但按税法规定应缴纳相应的增值税和消费税。当企业将自产应税消费品自用时，按其成本借记“在建工程”“营业外支出”“应付职工薪酬”等科目，贷记“库存商品”“应交税费——应交消费税”科目。

【例 3-15】 某汽车制造厂将自产的一辆乘用车（排气量 3.0 升）作为福利用车转给职工，该类车市场售价为 180000 元，生产成本 110000 元。请计算该企业应交消费税，并作相关会计分录。

分析：企业将自产应税消费品用于员工福利，应按税法规定缴纳增值税和消费税。该乘用车适用的消费税税率为 12%。

应交消费税 =180000×12%=21600（元）

应交增值税 =180000×13%=23400（元）

借：应付职工薪酬　　155000

　贷：库存商品　　110000

　　应交税费——应交增值税（销项税额）　　23400

　　应交税费——应交消费税　　21600

3.4 消费税的纳税申报

消费税的纳税人应在消费税纳税义务发生后，按照《消费税暂行条例》在规

定的纳税期限内申报纳税，并及时缴纳税款。

3.4.1 消费税纳税申报表的填写

消费税的纳税人无论当期有无销售或是否存在盈利，都应在规定期限内如实填写《消费税及附加税费申报表》，向主管税务机关进行纳税申报。《消费税及附加税费申报表》的格式如表3-6所示。

表3-6 消费税及附加税费申报表

税款所属期：自　　年　月　日至　　年　月　日

纳税人识别号（统一社会信用代码）：

纳税人名称：　　　　　　　　　　　　　　　　金额单位：人民币元（列至角分）

<table>
<tr><td rowspan="3">项目
应税消费品名称</td><td colspan="2">适用税率</td><td rowspan="2">计量单位</td><td rowspan="2">本期销售数量</td><td rowspan="2">本期销售额</td><td rowspan="2">本期应纳税额</td></tr>
<tr><td>定额税率</td><td>比例税率</td></tr>
<tr><td>1</td><td>2</td><td>3</td><td>4</td><td>5</td><td>6=1×4+2×5</td></tr>
<tr><td></td><td></td><td></td><td></td><td></td><td></td><td></td></tr>
<tr><td></td><td></td><td></td><td></td><td></td><td></td><td></td></tr>
<tr><td></td><td></td><td></td><td></td><td></td><td></td><td></td></tr>
<tr><td></td><td></td><td></td><td></td><td></td><td></td><td></td></tr>
<tr><td>合计</td><td>—</td><td>—</td><td>—</td><td>—</td><td>—</td><td></td></tr>
<tr><td colspan="4"></td><td>栏次</td><td colspan="2">本期税费额</td></tr>
<tr><td colspan="4">本期减（免）税额</td><td>7</td><td colspan="2"></td></tr>
<tr><td colspan="4">期初留抵税额</td><td>8</td><td colspan="2"></td></tr>
<tr><td colspan="4">本期准予扣除税额</td><td>9</td><td colspan="2"></td></tr>
<tr><td colspan="4">本期应扣除税额</td><td>10=8+9</td><td colspan="2"></td></tr>
<tr><td colspan="4">本期实际扣除税额</td><td>11[10＜（6-7），则为10，否则为6-7]</td><td colspan="2"></td></tr>
<tr><td colspan="4">期末留抵税额</td><td>12=10-11</td><td colspan="2"></td></tr>
<tr><td colspan="4">本期预缴税额</td><td>13</td><td colspan="2"></td></tr>
<tr><td colspan="4">本期应补（退）税额</td><td>14=6-7-11-13</td><td colspan="2"></td></tr>
<tr><td colspan="4">城市维护建设税本期应补（退）税额</td><td>15</td><td colspan="2"></td></tr>
<tr><td colspan="4">教育费附加本期应补（退）费额</td><td>16</td><td colspan="2"></td></tr>
</table>

续表

<table>
<tr><td rowspan="3">项目
应税消费品名称</td><td colspan="2">适用税率</td><td rowspan="2">计量单位</td><td rowspan="2">本期销售数量</td><td rowspan="2">本期销售额</td><td rowspan="2">本期应纳税额</td></tr>
<tr><td>定额税率</td><td>比例税率</td></tr>
<tr><td>1</td><td>2</td><td>3</td><td>4</td><td>5</td><td>6=1×4+2×5</td></tr>
<tr><td colspan="4">地方教育附加本期应补（退）费额</td><td>17</td><td colspan="2"></td></tr>
<tr><td colspan="7">声明：此表是根据国家税收法律法规及相关规定填写的，本人（单位）对填报内容（及附带资料）的真实性、可靠性、完整性负责。

纳税人（签章）：　　年　月　日</td></tr>
<tr><td colspan="4">经办人：
经办人身份证号：
代理机构签章：
代理机构统一社会信用代码：</td><td colspan="3">受理人：
受理税务机关（章）：
受理日期：　　年　月　日</td></tr>
</table>

3.4.2 消费税的缴纳申报

消费税的纳税义务人生产应税消费品的应于商品销售时纳税，进口应税消费品的应于报关进口环节纳税，金银首饰、钻石及钻石饰品等则在零售环节纳税。消费税的纳税义务发生时间除委托加工应税消费品为提货当天外，其他各项经济行为的纳税义务发生时间可参考第 2 章的具体内容。

（1）消费税的纳税期限

消费税的纳税期限按照《消费税暂行条例》规定，可以分为 1 日、3 日、5 日、10 日、15 日、1 个月或者 1 个季度。通常情况下，纳税人都会以 1 个月或 1 个季度为一个纳税期，纳税人应自期满之日起 15 日内进行消费税的纳税申报并缴纳税款；纳税人以其他期限为一个纳税期的，应自期满之日起 5 日内预缴税款，于次月 15 日前申报纳税并结清上月应纳税款。

（2）消费税的纳税地点

消费税的具体纳税地点与增值税略有不同，主要实行的是核算地纳税：

① 销售应税消费品及自产自用应税消费品，应向纳税人机构所在地或者居住地的主管税务机关申报纳税（除国家另有规定外）。

② 委托加工应税消费品，由受托方向机构所在地或者居住地的主管税务机关代收代缴消费税税款（委托个人加工的除外）。

③ 进口应税消费品，在报关地海关由代理人或进口人进行申报纳税。

④ 应税消费品的纳税人总、分机构不在同一县（市）的，应由总、分机构分别向各自机构所在地的主管税务机关申报纳税。经财政部、国家税务总局或者其授权

的财政税务机关批准的，可以由总机构汇总向其所在地的主管税务机关申报纳税。

⑤ 纳税人已销售的应税消费品，因质量等原因发生退回时，不得自行直接抵减税款，应经所在地主管税务机关批准后方可退还已征收的消费税税款。

（3）消费税的申报流程

纳税人在进行消费税申报前，必须先做消费税税种认定。

3.5 财税小点拨——消费税合理节税

消费税的节税可以通过多种途径来达成，比如兼营不同税率的应税消费品时，应严格按照不同税率的消费品来分别核算，以免承担不必要的消费税税负，这是因为税法上对于不同税率的应税消费品未分别核算销售额或销售数量，不同税率的应税消费品组成成套消费品销售，采取从高税率来征收。

再比如将应税消费品进行非货币性交易时，是采取直接入股方式还是先销售后入股方式更节省消费税呢？这些都涉及消费税节税。下面重点讲述不同加工方式对消费税税负的影响。

消费税的筹划：改变加工方式

纳税人的应税消费品加工方式可分为自行加工和委托加工，而委托加工收回的应税消费品又存在收回后继续加工应税消费品和直接对外销售两种情况。不同加工方式下消费税的计算公式不同。

自行加工生产应税销售品销售时的消费税计算：

应纳税额＝应税消费品的销售额 × 比例税率

委托加工应税消费品消费税的计算，按受托方同类消费品的销售价格计算纳税，没有同类消费品销售价格的，应按照组成计税价格进行计算纳税：

组成计税价格＝（材料成本＋加工费）÷（1－比例税率）

应纳税额＝组成计税价格 × 比例税率

从上述两个公式可以看出，委托加工与自行加工应税消费品的税基各不相同，委托加工的税基为受托方的同类产品销售价格或组成计税价格，而自行加工的应税消费品则是委托方最终的产品销售价格。

一般情况下，委托方收回的应税消费品出售价格都会略高于成本价以求获利，因此，不论委托加工费大于还是小于自行加工成本，在收回应税消费品的计税价格低于收回后直接出售价格的情况下，委托加工应税消费品的税负都低于自行加工的税负。

另外，消费税作为价内税，在计算企业的应税所得时可以扣除，因此，企业在进行消费税的纳税筹划时，还应考虑消费税的多少对企业所得税的影响，最终确定该笔业务对税后利润和所有者权益的影响。

第4章 企业所得税

我国从2008年开始对内资、外商投资企业施行统一的企业所得税计征方法，取消了外商投资企业在我国的特殊待遇，内外资企业开始公平竞争；同时，内外资企业所得税法的统一也有利于国家对企业所得税的管理。企业所得税也是我国税种中非常重要的一项税收，本章将介绍企业所得税的相关基础知识、计算、会计处理和纳税申报等内容。

4.1 企业所得税的基础知识

企业所得税作为国家财政收入的又一项主要来源，其纳税义务人范围广泛，是每个企业必须缴纳和每位财务人员必须了解和掌握的税种之一。

4.1.1 企业所得税简述

（1）企业所得税的概念和原理

我国境内的企业（包括居民企业、非居民企业）和其他取得收入的组织，对其生产经营所得和其他所得都应向国家缴纳企业所得税，因此企业所得税是向这些企业和组织的所得征收税款的一种所得税。

可见，企业所得税是对企业的应纳税的所得（也称“应纳税所得”）进行征税，它通常以纯所得（即利润）为征税对象。而应纳税所得额不能直接等同于财务会计上的利润，更不能以收入总额直接作为计税依据，通常需要通过计算纳税人的收入、成本、费用等各个方面，同时考虑国家在所得税税制中的各种税收激励或限制措施来综合计算，这些都使得企业所得税的计算相对较为复杂。

企业所得税的纳税人与实际负税人通常是一致的，因此也可以将它称为直接税，用来直接调节纳税人的收入，发挥所得税对经济的调控作用。

（2）企业所得税的作用

企业所得税在国家经济调控、获得财政收入等方面都发挥着重要的作用。具体表现在以下三个方面：

① 促使企业努力完善管理制度、降低成本，从而提高管理水平及盈利能力；

② 通过税收优惠等措施对产业结构进行调整，促进经济的发展；

③ 为国家财政筹集收入。

4.1.2 企业所得税的纳税义务人及征税对象

（1）纳税义务人

根据《中华人民共和国企业所得税法》的规定，在我国境内除个人独资企业、合伙企业外的企业和其他取得收入的组织，应依法缴纳企业所得税，为企业所得税的纳税义务人。

我国企业所得税的税收管辖权采取的是属地（地域管辖权）兼属人（居民管辖权）的原则，将纳税人分为居民企业和非居民企业。居民企业是指在我国境内依法成立或按照外国法律成立的，在我国境内拥有实际管理机构的企业，其在我国境内和境外的所得均需要缴纳所得税；非居民企业是按外国法律成立的并且在我国境内没有实际管理机构，但在我国境内设立机构、场所，以及未设立机构、场所但有来源于我国境内所得的企业，这类企业只对其中国境内的所得以及发生在中国境外但与其所设机构、场所有实际联系的所得征税，境外收入不征税。

（2）征税对象

企业所得税的征税对象是指上述企业的各种所得，包括生产经营所得、其他所得和清算所得。具体来说，各种所得的来源又包括：销售货物、提供劳务、转让财产、收取的股息、红利、利息、租金、特许权使用费、接受捐赠所得及其他所得。

居民企业应将其来源于我国境内外的所得作为征税对象；而非居民企业应当将其在我国境内设立的机构、场所取得的来源于我国境内的所得，以及与所设机构、场所有实际联系的在我国境外取得的所得作为征税对象。

4.1.3 企业所得税税率及税收优惠

4.1.3.1 所得税税率

企业所得税采用比例税率，使各企业之间具有相同的收入分配比例，承担相同的税负水平。我国 2008 年改制后的企业所得税实行基本税率和低税率的政策。

（1）基本税率

居民企业和在我国设有机构、场所并且所得与其设立的机构、场所有关联的非居民企业，企业所得税税率为 25%。

（2）低税率

在我国未设立机构、场所，或者虽然设有机构、场所，但其所得与设立的机构、场所没有实际联系的非居民企业，企业所得税税率为 20%，实际征税时减按 10% 的税率征收企业所得税。

（3）优惠税率

符合条件的小型微利企业，其企业所得税税率为 20%；符合条件的国家重点扶持的高新技术企业，企业所得税税率为 15%。

还有其他几类企业，企业所得税税率为 15%：

① 对经认定的技术先进型服务企业（服务贸易类）；

② 符合条件的从事污染防治的第三方企业（2019 年 1 月 1 日至 2027 年 12 月 31 日）；

③ 对设在西部地区的鼓励类产业企业（2021 年 1 月 1 日至 2030 年 12 月 31 日）；

④ 对注册在海南自由贸易港并实质性运营的鼓励类产业企业（2020 年 1 月 1 日至 2024 年 12 月 31 日）。

注：小型微利企业与国家重点扶持的高新技术企业的条件可参考《中华人民共和国企业所得税法实施条例》（简称《企业所得税法实施条例》）中的第九十二条、九十三条。

4.1.3.2 税收优惠

世界各国通常对企业所得税实施税收优惠政策，来实现对纳税人投资、产业结构等方面的调控。企业所得税的税收优惠包括免税、减征、加计扣除、加速折旧、减计收入和税额抵免等方式。

（1）免税优惠

这是企业所得税税收优惠中最直接的方式。国家对企业的下列所得实施免征企业所得税：

① 国债利息收入。

② 符合条件的居民企业之间的股息、红利等权益性投资收益。

③ 在中国境内设立机构、场所的非居民企业从居民企业取得与该机构、场所有实际联系的股息、红利等权益性投资收益。

④ 符合条件的非营利组织的收入。

⑤ 企业取得的 2009 年及以后年度发行的地方政府债券利息所得。

⑥ 自 2020 年 1 月 1 日起，跨境电子商务综合试验区内实行核定征收的跨境电商企业取得的收入。

⑦ 对企业投资者转让创新企业境内发行存托凭证（创新企业 CDR）取得的差价所得和持有创新企业 CDR 取得的股息红利所得。

⑧ 对公募证券投资基金转让创新企业 CDR 取得的差价所得和持有创新企业 CDR 取得的股息红利所得。

⑨ 对合格境外机构投资者（QFII）、人民币合格境外机构投资者（RQFII）转让创新企业 CDR 取得的差价所得和持有创新企业 CDR 取得的股息红利所得。

⑩ 自 2021 年 11 月 7 日起至 2025 年 12 月 31 日止，境外机构投资境内债券市场取得的债券利息收入。

（2）减免优惠

国家对企业的下列所得实施免征或减征企业所得税的优惠政策：

① 企业从事农、林、牧、渔业项目的所得享受免征或减征政策，其中企业从事花卉、茶以及其他饮料作物和香料作物种植以及海水、内陆养殖的，减半征收企业所得税；其他农、林、牧、渔所得免征企业所得税。

② 企业投资经营所得属于国家重点扶持的公共基础设施项目的，实行"三免三减半"的企业所得税优惠政策。

注：三免三减半政策是指，企业从获得第一笔生产经营项目收入的纳税年度起，第一至三年免征企业所得税，而第四至六年则对企业所得税减半征收。

③ 企业获得的经营所得是因从事符合条件的环境保护、节能节水项目而获取的，包括公共污水处理、公共垃圾处理、沼气综合开发利用、节能减排技术改造、海水淡化等，也同样实行三免三减半优惠政策。

注：以上规定享受减免税优惠的项目，在减免税期限内转让的，受让方自受让之日起，可以在剩余期限内享受规定的减免税优惠；减免税期限届满后转让的，受让方不得就该项目重复享受减免税优惠。

④ 居民企业在一个纳税年度内转让技术所有权所得不超过 500 万元的，免征企业所得税；对超过 500 万元的部分实行企业所得税减半征收。

⑤ 小型微利企业减按 20%、国家需重点扶持的高新技术企业减按 15% 的税率征收企业所得税。

（3）加计扣除

加计扣除是指对企业支出项目按规定的比例给予税前扣除的基础上再给予追加扣除。国家对企业的以下四类项目实行加计扣除的所得税优惠政策。

① 企业研发费用的加计扣除。企业所发生的研究开发费用（为开发新技术、新工艺或新产品而发生的费用），已形成无形资产的，按其资产成本的 200% 进行摊销；未形成资产而计入当期损益的，可在据实扣除的基础上再按费用的 100% 加计扣除。

② 企业安置残疾人员所支付工资的加计扣除。企业对残疾人员进行安置的，其支付给这些人员的工资可在据实扣除的基础上，再按支付工资的 100% 加计扣除。残疾人员的范围适用《中华人民共和国残疾人保障法》的有关规定。

注：可享受此项优惠的企业指安置了残疾人员并签订了 1 年以上（含 1 年）劳动合同或服务协议的企业。

③ 集成电路企业和工业母机企业研发费用的加计扣除。自 2023 年 1 月 1 日起，集成电路和工业母机企业开展研发活动中实际发生的研发费用，未形成无形资产计入当期损益的，在按规定据实扣除的基础上，在 2023 年 1 月 1 日至 2027 年 12 月 31 日期间，再按照实际发生额的 120% 在税前扣除；形成无形资产的，在上述期间按照无形资产成本的 220% 在税前摊销。

④ 支持我国基础研究的加计扣除。对企业出资给非营利性科学技术研究开发机构、高等学校和政府性自然科学基金用于基础研究的支出，在计算应纳税所得额时可按实际发生额在税前扣除，并可按 100% 在税前加计扣除。

（4）加速折旧

① 一般性加速折旧。企业由于技术进步、产品更新换代快，常年处于强震动、高腐蚀状态的固定资产，可以采取加速折旧的方法，但其最低折旧年限不得低于规定折旧年限的 60%。

② 特殊性加速折旧。企业在 2018 年 1 月 1 日至 2027 年 12 月 31 日期间新购进的设备、器具（指除房产以外的固定资产），单位价值不超过 500 万元的，允许一次性计入当期成本费用，在计算投入使用月份次月所属年度应纳税所得额时扣除，不再分年度计算折旧；单位价值超过 500 万元的，仍按照相关规定执行。

（5）减计收入优惠

① 企业综合利用资源生产符合国家产业政策规定的产品所得收入，可以在计算应纳税所得额时减计收入，可减按 90% 计入收入总额。

② 自 2019 年 6 月 1 日至 2025 年 12 月 31 日，提供社区养老、托育、家政服务取得的收入，在计算应纳税所得额时，减按 90% 计入收入总额。

③ 为支持农村金融发展，2027 年 12 月 31 日前，对金融机构农户小额贷款的利息收入，在计算应纳税所得额时，按 90% 计入收入总额。

（6）税额抵免

企业购置的符合《环境保护专用设备企业所得税优惠目录》《节能节水专用设备企业所得税优惠目录》和《安全生产专用设备企业所得税优惠目录》规定的相关设备，可于当年企业应纳税所得额中扣减设备投资额的 10%，不足抵扣部分可于后续 5 个纳税年度内抵免。

（7）其他优惠

① 创业投资企业税收优惠。企业采取股权投资方式对未上市的中小高新技术企业、种子期和初创期科技型企业投资超过 2 年（24 个月）的，在其股权持有满 2 年的当年可按投资额的 70% 抵减其应纳税所得额，当年不足抵扣的可于后续纳税年度继续抵扣。

注：有限合伙制创业投资企业的法人合伙人对创投企业等的投资额，按照创投企业的投资额和法人合伙人占创投企业的出资比例计算确定。

② 民族自治地方的自治机关对本自治地企业向地方缴纳的企业所得税部分，报省、自治区、直辖市人民政府批准，可以决定减征或免征地方分享部分的企业所得税。

③ 对非居民企业减按 10% 的税率征收企业所得税。这里的非居民企业是指在中国境内未设立机构、场所，或者虽设立机构、场所但取得的所得与其所设机构、场所没有实际联系的企业。该类非居民企业取得下列所得免征企业所得税：

a. 外国政府向中国政府提供贷款取得的利息所得。

b. 国际金融组织向中国政府和居民企业提供优惠贷款取得的利息所得。

c. 经国务院批准的其他所得。

④ 其他相关行业的企业所得税优惠政策。国家为鼓励软件产业、集成电路产业及证券投资基金的发展，对这些行业执行相关优惠政策。

4.2 企业所得税的计算

企业所得税的计算相对较为复杂，它以权责发生制为计算原则，同企业的收入、成本和费用都有紧密的联系。本节将讲述企业所得税计算中涉及的各主要内容：收入总额、扣除范围、税额计算等。

4.2.1 征税收入的确定

企业征收所得税的收入为从各种来源取得的收入，包括货物销售收入、提供劳务收入、转让财产收入、权益性投资收益、租金收入、利息收入等。这些收入的形式具有货币和非货币两种，各类征税收入的确定可以进行如下具体的划分。

（1）一般收入的确定

应税所得额中收入总额所包含的一般收入可见表 4-1。

表 4-1 应税所得额一般收入的确定

序号	收入名称	具体内容	确认方式
1	销售货物收入	企业销售库存商品、产品、原材料、包装物、低值易耗品等存货取得的收入	根据财务会计“主营业务收入”或“其他业务收入”科目金额确认
2	提供劳务收入	企业从事建筑安装、修理修配、交通运输、仓储租赁、金融保险、邮电通信、咨询经纪、文化体育、科学研究、技术服务、教育培训、餐饮住宿、中介代理、卫生保健、社区服务、旅游、娱乐、加工以及其他劳务服务取得的收入	根据财务会计“主营业务收入”或“其他业务收入”科目金额确认
3	转让财产收入	企业转让固定资产、生物资产、无形资产、股权、债权等财产所有权取得的收入	根据财务会计“营业外收入”等科目金额确认
4	股息、红利等权益性投资收益	企业从被投资方获得的权益性投资收益	于被投资方做出利润分配决定的日期确认收入
5	利息收入	企业将资金提供给他人使用或占用，不构成权益性投资取得的收入	按合同中约定的债务人应付利息的日期确认收入
6	租金收入	企业提供固定资产、包装物或者其他有形资产使用权取得的收入	按合同中约定的承租人应付租金的日期确认收入
7	特许权使用费收入	企业将无形资产使用权进行转让取得的收入	按合同约定的特许权使用人应付特许权使用费的日期确认收入
8	接受捐赠收入	企业以外的单位、组织或个人无偿给予的货币性和非货币性资产	按实际收到捐赠资产的日期确认收入
9	其他收入	除上述以外的其他收入	根据财务会计“营业外收入”科目金额确认

(2) 特殊收入的确定

① 按合同约定的收款日期对企业以分期收款方式销售货物的收入进行确认；

② 企业从事建筑、安装、装配工程或提供其他劳务，以及加工制造大型机器设备、船舶、飞机的，其生产作业时间超过 12 个月的，按照纳税年度内完工进度或工作量确认收入；

③ 企业收入按分成方式取得的，其收入确认时间为分得产品的日期，收入额为产品的公允价值；

④ 企业发生的非货币性资产交换，以及将货物、财产、劳务等用于非销售途径，如捐赠、偿债、赞助、集资、广告、职工福利或利润分配等情况的，应按视同销售、转让财产或提供劳务确认收入计算所得税。

(3) 处置资产收入的确认

企业处置资产分为内部处置和外部移送两种方式，针对不同方式，企业所得税的收入确认不同，各具体处置资产的方式和收入的确认见表 4-2。

表 4-2 处置资产收入的确认

处置方式	具体行为	分析	收入确认
内部处置	用于生产、制造、加工另一产品	因资产所有权未发生形式和实质上的改变，作为内部处置	不视同销售确认收入
	资产形状、结构或性能的改变		
	对资产用途进行改变		
	总机构及其分支机构之间资产的转移		
	上述两种或两种以上情形的混合		
	其他不改变资产所有权属的用途		
外部移送	向市场推广或销售	资产所有权已发生改变	视同销售确认收入
	用于交际应酬		
	作为职工奖励或福利		
	进行股息分配		
	对外捐赠		
	其他改变资产所有权属的用途		

注：企业移送他人的资产属于自制的，按企业同类资产同期对外销售价格确定收入；属于外购的，可按购入价格确定销售收入；属其他情形的，应按照被移送资产的公允价值确定销售收入。

(4) 相关收入实现的确认

在企业所得税计算中，销售收入的确认需遵循权责发生制和实质重于形式的原则，当企业销售商品的行为同时满足如下条件时，不管财务会计上是否确认收入，在计算应税所得额时，都应确认收入的实现：

① 双方已签订销售合同，且供货方已将与商品所有权有关的主要风险和报酬转移给了购货方；

② 商品售出后，企业无与商品所有权相联系的继续管理权和有效控制权；

③ 商品销售收入的金额及成本都可以可靠地计量；

④ 相关的经济利益很可能流入企业。

企业在满足上述收入确认条件后，对各种商品销售方式的收入确认时间或方法可以参照表 4-3 执行。

表 4-3　各种销售方式收入的确认

序号	商品销售方式	收入确认时间 / 方法
1	托收承付	办妥托收手续时确认收入
2	预收款方式销售	发出商品时确认
3	商品需要安装和检验的	购买方接受商品并安装检验完毕时
4	委托代销	收到代销清单时
5	售后回购	销售的商品按售价确认收入，回购的商品作为购进商品处理。当以销售商品方式进行融资的，其收到的款项不做收入而确认为负债，回购价格大于原售价的，差额应在回购期间确认为利息费用
6	以旧换新	按商品收入确认条件确认收入，回收的商品作为购进商品处理
7	商业折扣	按扣除商业折扣后的金额确定收入
8	企业提供商品或劳务作业时间超过 12 个月的	若提供劳务交易的结果能可靠计量，采用完工百分比法确认收入
9	买一赠一方式组合销售	不属于捐赠，应将销售总收入按各商品公允价值的比例进行分摊，确认各类商品的销售收入
10	财产转让收入	按财产转让价格确认收入，一次性计入转让当年的收入

注：对提供劳务中所收取的各项费用，如安装费、宣传媒介收费、软件费、会员费、特许权费、劳务费及其他费用，如果满足收入确认条件的，也应按规定进行收入的确认。

4.2.2　不征税和免税收入的确定

企业应纳税所得中的不征税和免税收入是国家为鼓励或扶持某些特殊企业而制定的一项特殊政策，它有利于减轻企业负担，促进经济的发展。企业不征税收入和免税收入在计算企业应纳所得税时都可以于收入总额中减除。

（1）不征税收入

① 财政拨款是指各级人民政府所给予纳入预算管理的事业单位、社会团体等组织拨付的财政资金；

② 依照法律规定向特定对象收取的纳入财政管理的行政事业性收费和政府性基金；

③ 国务院规定的其他不征税收入包括企业获得的财政补助、补贴、贷款贴息、各类财政专项资金、直接减免的增值税和即征即退、先征后退或先征后返的各种税收，不包含企业取得的出口退税款。

与此对应，因取得上述不征税收入所发生的支出和费用以及形成上述收入的资产所计提的折旧和摊销，不得在计算应纳税所得额时进行扣除。

（2）免税收入

① 企业购买国债所得的利息收入；

② 居民企业直接投资于其他居民企业获得的投资收益；

③ 非居民企业在我国境内设立机构、场所的，其从居民企业处取得的与设立机构、场所有实际联系的权益性投资收益（不包括连续持有居民企业公开发行并上市流通的股票未满12个月取得的投资收益）；

④ 符合条件的非营利组织所获得的收入。

4.2.3 税前扣除项目的范围

企业申报应税所得额的扣除项目时，应遵循权责发生制、配比、相关性、确定性及合理性原则，确保扣除项目及金额的真实、合法。

（1）扣除项目

企业在生产经营过程中实际发生的与取得收入有关的各项合理支出都可以作为应纳税所得额的扣减项，具体包括：

① 成本。企业销售商品（产品、材料、下脚料、废料、废旧物资等存货）、提供劳务、转让资产（固定资产、无形资产）而发生的各种销售成本、业务支出、其他耗费等，包括直接成本和间接成本。

② 费用。企业生产经营管理过程中发生的各项期间费用，包括销售费用、管理费用和财务费用。已经计入成本的有关费用除外。

③ 税金。企业发生的除企业所得税和可抵扣增值税以外的各项税费，包括消费税、城市维护建设税、关税、资源税、土地增值税、房产税、车船税、印花税、城镇土地使用税、教育费附加、地方教育附加等。

注：其中的房产税、车船税、城镇土地使用税在计入账户时通过“管理费用”核算，已作为期间费用在应纳税所得额中扣除。

④ 损失。企业发生的各项损失扣减所获得的赔偿后，可从应税所得额中扣除，如固定资产及存货的盘亏、毁损及报废，坏账损失，自然灾害损失及其他损失。

⑤ 其他支出。除上述各项目以外，企业发生的与生产经营活动有关的其他合理支出。

（2）各项目扣除标准

税法中对各项扣除的成本、费用并不完全依据财务会计的入账金额进行扣除，它有自己的一套标准。在计算应税所得额时，各项目的扣除标准可参照表 4-4 执行。

表 4-4　应税所得额各扣除项目标准

序号	扣除项目	扣除标准
1	工资、薪金支出	在合理的范围内可据实扣除
2	职工福利费支出	不超过工资、薪金总额 14% 的部分
3	工会经费	不超过工资、薪金总额 2% 的部分
4	职工教育经费	不超过工资、薪金总额 8% 的部分可予扣除，超过部分结转以后纳税年度扣除
5	社会保险费	①企业按政府规定缴纳的“五险一金”准予扣除，五险一金指基本养老保险费、基本医疗保险费、失业保险费、工伤保险费、生育保险费等基本社会保险费和住房公积金
		②企业在国务院财政和税务主管部门规定的范围和标准内为企业投资者或职工支付的补充养老保险及补充医疗保险准予扣除；支付的商业保险则不予扣除
		③企业按规定缴纳的财产保险准予扣除
6	利息费用	①向金融企业借款的利息支出、存款利息支出，金融企业同业拆借利息支出，经批准发行的利息支出可按实扣除
		②向非金融企业借款的利息支出在不超过按照金融企业同期同类贷款利率计算的金额部分可扣除，超过部分不予扣除
7	借款费用	①企业因生产经营而发生的合理的非资本化的借款费用可扣除
		②企业购置资产交付使用前发生的合理借款费用应资本化，资产交付使用后发生的借款利息可在发生当期准予扣除
8	汇兑损失	企业因货币交易中因汇率折算形成的汇兑损失可以扣除
9	业务招待费	按实际发生额的 60% 或当年销售收入的 5‰中两者较低者扣除
10	广告费和业务宣传费	不超过当年销售（营业）收入 15% 的部分，准予扣除；超过部分结转以后纳税年度扣除
11	环境保护专项资金	准予扣除

续表

序号	扣除项目	扣除标准
12	租赁费	①因经营租赁所发生的租赁费，可按租赁期平均扣除 ②融资租赁形成企业固定资产价值的，可按固定资产折旧计入费用扣除
13	劳动保护费	准予扣除
14	公益性捐赠支出	不超过年度利润总额 12% 的部分准予扣除，超过利润总额 12% 的部分，准予结转以后三年内扣除
15	相关资产费用	企业按税法规定计算的固定资产折旧、无形资产和递延资产的摊销费可予以扣除（具体的折旧 / 摊销范围及方法严格按照税法执行）
16	总机构分摊费用	能够提供相关证明文件并属于合理分摊的可予以扣除
17	资产损失	企业发生的存货盘亏、毁损的净损失及相应的不得抵扣的进项税，经主管税务机关审核后准予扣除

（3）不得扣除项目

企业在计算企业所得税应纳税所得额时，应严格按照税法的规定分清可扣除项目和不可扣除项目，对下述支出一律不得在应纳税所得额中扣除：

① 企业所得税税款；

② 各种税收滞纳金、罚金、罚款及被没收财物的损失；

③ 因投资者权益性投资而向其支付的股息、红利等；

④ 超出标准的捐赠支出、与企业生产经营活动无关的各项非广告性质支出；

⑤ 不符合国务院财政、税务部门规定的各项准备金支出；

⑥ 企业之间及企业内营业机构之间支付的管理费、租金、特许权使用费及非银行企业内部机构之间支付的利息；

⑦ 与取得收入无关的其他支出。

注：依《中华人民共和国企业所得税法》（简称《企业所得税法》）和相关条例规定，企业某年度发生的亏损可用下一年度的所得进行弥补；下一年度所得不足以弥补的，可在最长不超过 5 年的纳税年度内逐年弥补。

自 2018 年 1 月 1 日起，当年具备高新技术企业或科技型中小企业资格（以下简称资格）的企业，其具备资格年度之前 5 个年度发生的尚未弥补完的亏损，准予结转以后年度弥补，最长结转年限由 5 年延长至 10 年。

4.2.4 应纳税额的计算

企业所得税的纳税义务人可分为居民企业和非居民企业，其税款的征收方式又可分为查账征收和核定征收两种。对于不同的纳税人及征收方式，企业所得税的计算也各有不同，下面将分别介绍企业所得税应纳税额的计算。

(1) 居民企业查账征收应纳税额的计算

会计核算比较健全，能够据实核算企业生产经营状况，正确计算应纳税款的纳税人，一般采用查账征收的方式进行税款的缴纳。其应纳税所得额的计算公式如下：

基本公式：应纳税额 = 应纳税所得额 × 适用税率 - 减免税额 - 抵免税额。

直接计算法：应纳税所得额 = 收入总额 - 不征税收入 - 免税收入 - 各项扣除金额 - 弥补亏损。

间接计算法：应纳税所得额 = 会计利润总额 ± 纳税调整项目金额。

在实际工作中，通常采用间接计算的方法，对财务会计利润总额中与税法规定不一致的项目及对税法规定的准予扣除的税收金额进行调整后来计算应纳税所得额。

【例 4-1】 某居民企业为生产企业（非小微企业，以下案例中，如无特别说明，均为非小微企业），2024 年全年发生业务如下：

① 取得产品销售收入 8600 万元；

② 发生产品销售成本 6000 万元；

③ 其他业务收入 700 万元；

④ 其他业务成本 560 万元；

⑤ 取得购买国债的利息收入 20 万元；

⑥ 缴纳非增值税销售税金及附加 400 万元；

⑦ 发生的管理费用为 860 万元，其中新技术的研究开发费用为 80 万元、业务招待费用为 70 万元；

⑧ 发生财务费用 300 万元；

⑨ 取得直接投资其他居民企业的权益性投资收益 30 万元（已在投资方所在地按 15% 的税率缴纳了所得税）；

⑩ 取得营业外收入 80 万元，发生营业外支出 150 万元（其中含公益捐赠 38 万元）；

⑪ 购进符合企业所得税优惠条件的安全生产专用设备一套，支付价款 40 万元、增值税进项税额 5.2 万元，设备已经投入使用。

上述业务中相关票据齐全并合法，请计算该企业 2024 年度应纳企业所得税。

计算会计利润总额：

会计利润总额 =8600+700+20+30+80−6000−560−400−860−300−150

=1160（万元）

进行纳税项目调整：

① 国债利息收入按税法规定为免征所得税收入，应从所得额中调整减少 20 万元。

② 技术开发费用属于加计扣除优惠政策事项，可在据实扣除的基础上按100% 加计扣除，可调减所得额 =80×100%=80（万元）。

③ 业务招待费按实际发生额的 60% 与当年销售收入的 5‰中较小项可予以扣除，实际业务招待费的 60%=70×60%=42（万元）；按销售（营业）收入的 5‰计算 =（8600+700）× 5‰ =46.5（万元）。

按照规定允许税前扣除的限额应为 42 万元，应调增应纳税所得额 =70−42=28（万元）。

④ 取得的直接投资其他居民企业的权益性收益属于免税收入的范围，应调减应税所得额 30 万元。

⑤ 公益性捐赠支出的扣除标准为不超过年度利润总额的 12%=1160×12%=139.2（万元），其实际捐赠额小于扣除标准数，可据实扣除，不作纳税调整；

⑥ 调整后的应纳税所得额 =1160−20−80+28−30=1058（万元）

⑦ 购进符合企业所得税优惠的安全生产专用设备一套，该专用设备的投资额的 10%（即 40 万元 ×10%=4 万元），可以从企业当年的应纳税额中抵免。

应纳税额 =1058×25%−4=260.5（万元）

（2）居民企业核定征收应纳税额的计算

当居民企业纳税人按规定不设账簿，或未设置账簿，或者存在无法提供清晰的账目数据，不能正确提供计税依据等情况的，可经主管税务机关鉴定按核定征收办法征收其企业所得税。

税务机关对核定征收企业所得税的纳税人可分为核定应税所得额和核定应税所得率两种。

核定应税所得额的企业由主管税务机关参照当地同类行业或者类似行业中经营规模和收入水平相近的纳税人的税负水平，按照一定的标准和方法，直接核定年度应纳所得税额，实行定额征收。

采用应税所得率方式核定征收企业所得税的企业，依照税务机关核定的应税所得率，再根据纳税年度内的收入总额和成本费用等项目，计算出应缴纳的企业所得税。其计算公式如下：

应纳税所得额 = 收入总额 × 应税所得率 = 成本费用支出额 ÷（1− 应税所得率）× 应税所得率

应纳所得税额 = 应纳税所得额 × 适用税率

应税所得率的标准可按表 4-5 的规定幅度统一执行。

表 4-5　企业应税所得率

行业	应税所得率 /%	行业	应税所得率 /%
制造业	5 ～ 15	建筑业	8 ～ 20

续表

行业	应税所得率 /%	行业	应税所得率 /%
批发零售业	4 ～ 15	餐饮业	8 ～ 25
交通运输业	7 ～ 15	娱乐业	15 ～ 30
农、林、牧、渔业	3 ～ 10	其他	10 ～ 30

【例 4-2】 某制造企业 2024 年度的营业收入总额为 80 万元，各项支出总额为 68 万元，全年亏损额为 5 万元，经其主管税务机关核查，该企业不能准确核算年度支出总额，采用核定应税所得率的征收方式计征企业所得税，核定该企业的应税所得率为 13%。请计算该企业当年应纳所得税额。

应纳税所得额 = 收入总额 × 应税所得率 =80×13%=10.4（万元）

企业应纳所得税额 = 应纳税所得额 × 适用税率 =10.4×25%=2.6（万元）

（3）已纳境外所得税的抵扣

居民企业来源于我国境外的所得，非居民企业取得的发生在我国境外，但与设立在我国的机构、场所有实际联系的应税所得，已在我国境外缴纳了所得税税款的，可以按企业所得税法规定计算的应纳税额的限额进行抵免；超过抵免限额的部分，可在之后 5 个纳税年度内进行抵免。抵免限额的计算公式为：

抵免限额 = 在我国境内、境外所得依照企业所得税法和条例规定计算的应纳税总额 × 来源于某国（地区）的应纳税所得额 ÷ 我国境内、境外应纳税所得额总额 = 来源于某国（地区）的应纳税所得额（境外税前所得额）×25%

【例 4-3】 某企业 2024 年度在中国境内应纳税所得额为 100 万元，另外，该企业分别在 A、B 两国设有分支机构，其在 A 国分支机构的应纳税所得额为 40 万元，适用企业所得税税率为 20%；在 B 国的分支机构的应纳税所得额为 20 万元，适用 B 国企业所得税税率为 30%，该企业两个分支机构在 A、B 两国分别缴纳了 8 万元和 6 万元的企业所得税。请计算该企业在我国应缴纳的企业所得税税额（假设该企业在 A、B 两国所得按我国税法计算的应纳税所得额和按 A、B 两国税法计算的应纳税所得额一致）。

① 汇总该企业在我国应缴纳的应纳所得税税额：

应纳所得税税额 =（100+20+40）×25%=40（万元）

② 计算 A、B 两国已缴所得税的抵免限额：

A 国抵免限额 =40×25%=10（万元），已交 8 万元，低于抵免限额，可全额扣除；

B 国抵免限额 =20×25%=5（万元），已交 6 万元，高于抵免限额，当年可扣除已缴所得税为 5 万元。

③ 汇总该企业在我国应缴纳的企业所得税 =40-8-5=27（万元）。

（4）非居民企业应纳所得税的计算

对我国境内未设立机构、场所，或设立了机构、场所但取得的所得与这些机构、场所无关联的非居民企业的所得，按照 10% 的优惠税率征收企业所得税。其应纳税所得额的计算方法如下：

① 权益性投资收益中获取的股息、红利，以及利息、租金、特许权使用费所得，按收入的全额作为应纳税所得额；

② 转让财产所得，应按转让收入的全部金额扣除财产净值后的余额作为应纳税所得额；

③ 其他所得参照上述两点进行计算。

4.3 企业所得税的会计处理

由于会计和税收的目标不同、原则不同，导致企业按照会计准则计算的税前会计利润与按照税法规定计算的应纳税所得额存在差异。企业所得税是新会计准则体系中较难理解和学习的内容之一，本小节将介绍日常工作中常涉及的会计处理方法。

4.3.1 所得税账户的设置和基本处理

企业进行所得税会计处理时，应设置“所得税费用”“应交税费——应交所得税”“递延所得税资产”和“递延所得税负债”等科目来进行核算。

① “所得税费用”科目用来核算企业确认的应从当期利润总额中扣除的所得税费用，它可以分为“当期所得税费用”和“递延所得税费用”两个明细科目来进行核算。

a. 资产负债表日，企业按所得税法计算的当期应交所得税金额，在本科目的借方（当期所得税费用）进行反映，分录如下：

借：所得税费用

　贷：应交税费——应交所得税

实际上交所得税时，

借：应交税费——应交所得税

　贷：银行存款等科目

b. 在纳税影响会计法下，在资产负债表日，企业应根据所得税准则应确认的“递延所得税资产”的应有余额与“递延所得税资产”账户余额进行对比，当应有余额大于账户余额时：

借：递延所得税资产

贷：所得税费用——递延所得税费用

资本公积——其他资本公积等科目

当应有余额小于账户余额时，做相反的会计分录。

对于资产负债表日应予确认的递延所得税负债，可参考上述会计处理进行。

c. 本科目在会计期末应将余额结转至“本年利润”科目，结转后无余额。

② “递延所得税资产”用来核算企业根据所得税准则确认的因可抵扣暂时性差异所产生的所得税资产，以及税法规定的可用以后年度税前利润弥补的亏损及税款抵减所产生的所得税资产。

资产负债表日，企业应予以确认的递延所得税资产以及在本期应确认的递延所得税资产大于该科目的账面余额时，按差额进行确认，借记本科目，贷记“所得税费”用和“资本公积”等科目，分录如下：

借：递延所得税资产

贷：所得税费用——递延所得税费用

资本公积——其他资本公积

本期应确认的递延所得税资产小于该科目的账面余额时，作与前述相反的会计分录。

期末本科目借方余额，用来反映企业已经确认的递延所得税资产的余额。

③ “递延所得税负债”科目用来核算企业根据所得税准则确认的应纳税暂时性差异所产生的所得税负债。

资产负债表日，企业确认递延所得税负债时，借记所得税费用和资本公积等科目，贷记本科目，分录如下：

借：所得税费用——递延所得税费用

资本公积——其他资本公积

贷：递延所得税负债

当企业应确认的递延所得税负债大于该科目的账面余额时，作上述相同分录；应确认的递延所得税负债小于该科目的账面余额时，作上述相反分录。

注：财务会计中资产、负债的账面价值与税法计税基础不同而产生的差额称为暂时性差异，根据该差异对未来期间应纳税所得额的影响，分为应纳税暂时性差异和可抵扣暂时性差异。

应纳税暂时性差异：当资产账面价值大于计税基础，或负债账面价值小于计税基础时，会导致企业未来增加应交所得税（今天少交税，将来多交税），其对所得税费用的影响通过“递延所得税负债”反映。

可抵扣暂时性差异：当资产账面价值小于计税基础，或负债账面价值大于计税基础时，会使企业在未来减少应交所得税而产生可抵扣暂时性差异

（今天多交税，将来少交税），对所得税费用的影响通过“递延所得税资产”反映。

4.3.2 资产负债表债务法所得税的会计处理

我国新会计准则规定，对所得税费用的核算采用资产负债表债务法。资产负债表债务法用暂时性差异取代时间性差异，以资产负债表为基础，确认和计量递延所得税资产和递延所得税负债。

资产负债表债务法下，所得税会计处理分为三种：应计入当期损益的所得税、应计入商誉的所得税和应计入权益的所得税。

企业采用资产负债表债务法处理所得税费用时，应于每一资产负债表日进行所得税的核算，其核算操作可按下列步骤进行：

第一步，对各类资产或负债的账面价值与计税基础的差异进行计算，并确认该差异是属于应税暂时性差异还是可抵扣差异。

第二步，计算出递延所得税负债或资产的余额，公式：

期末递延所得税负债 = 应税暂时性差异 × 所得税税率

期末递延所得税资产 = 可抵扣暂时性差异 × 所得税税率

第三步，计算本期递延所得税负债或资产的发生额，公式：

本期递延所得税负债发生额 = 递延所得税负债期末余额 − 递延所得税负债期初余额

本期递延所得税资产发生额 = 递延所得税资产期末余额 − 递延所得税资产期初余额

第四步，计算当期应交所得税，公式：

当期应交所得税 =（会计利润 ± 纳税调整额）× 所得税税率

第五步，计算当期所得税费用，公式：

所得税费用（或收益）

= 当期所得税费用 + 递延所得税费用（− 递延所得税收益）

= 本期应交所得税 ± 本期所得税负债调整额 ± 本期所得税资产调整额

4.3.3 所得税的汇算清缴

我国各主管税务机关对企业所得税的纳税人往往实行分月、分季预缴，年度汇算清缴的所得税政策。所得税年度汇算清缴，就是各企业所得税的纳税人于次年 5 月 31 日前向主管税务机关提交相关的汇算表格，对上年度所得税的调整事项进行调增或调减，进行清算的一个过程。

企业在所得税汇算清缴后往往会对企业的应纳税所得额进行调增或调减，同时对以往所得税的计提、上交等会计分录要进行账务调整。

4.4 企业所得税的纳税申报

企业所得税分月、分季预缴，年终进行汇算清缴，对预缴的所得税税款进行多退少补。企业所得税的纳税人应在规定的期限内向税务机关报送企业所得税纳税申报表及规定附送的财务会计报告和其他资料，进行所得税的纳税申报。规定的期限为：自季度终了之日起15日内预缴；每年度终了之日起5个月内进行汇算清缴，如遇到节假日一般会进行顺延。

4.4.1 企业所得税纳税申报表的填写

因企业所得税纳税申报分为税款预缴和年度汇算清缴，因此企业所得税纳税人在进行纳税申报时填写的所得税纳税申报表也分为各月（季）预缴和年度纳税申报表两种，预缴及年度纳税申报表的格式如表4-6、表4-7、表4-8、表4-9所示。

4.4.1.1 A200000《中华人民共和国企业所得税月（季）度预缴纳税申报表（A类）2021年版》的填写

表4-6 中华人民共和国企业所得税月（季）度预缴纳税申报表（A类）2021年版

税款所属期间： 年 月 日 至 年 月 日

纳税人识别号（统一社会信用代码）：

纳税人名称： 金额单位：人民币元（列至角分）

预缴方式	□ 按照实际利润额预缴			□ 按照上一纳税年度应纳税所得额平均额预缴			□ 按照税务机关确定的其他方法预缴		
企业类型	□ 一般企业			□ 跨地区经营汇总纳税企业总机构			□ 跨地区经营汇总纳税企业分支机构		
优惠及附报事项有关信息									
按季度填报信息									
项目	一季度		二季度		三季度		四季度		季度平均值
	季初	季末	季初	季末	季初	季末	季初	季末	
从业人数									
资产总额（万元）									
国家限制或禁止行业	□ 是 □ 否				小型微利企业				□ 是 □ 否

续表

项目	一季度		二季度		三季度		四季度		季度平均值
	季初	季末	季初	季末	季初	季末	季初	季末	
	附报事项名称								金额或选项
事项 1	扶贫捐赠支出全额扣除								
事项 2	软件集成电路企业优惠政策适用类型								□ 原政策 □ 新政策
	预缴税款计算								本年累计
1	营业收入								
2	营业成本								
3	利润总额								
4	加：特定业务计算的应纳税所得额								
5	减：不征税收入								
6	减：资产加速折旧、摊销（扣除）调减额（填写 A201020）								
7	减：免税收入、减计收入、加计扣除（7.1+7.2+…）								
7.1	企业开发新技术、新产品、新工艺发生的研究开发费用加计扣除（按 100% 加计扣除）								
8	减：所得减免（8.1+8.2+…）								
9	减：弥补以前年度亏损								
10	实际利润额（3+4-5-6-7-8-9）\ 按照上一纳税年度应纳税所得额平均额确定的应纳税所得额								
11	税率（25%）								
12	应纳所得税额（10×11）								
13	减：减免所得税额（13.1+13.2+…）								
13.1	高新技术企业减按 15% 的税率征收企业所得税								
14	减：本年实际已缴纳所得税额								
15	减：特定业务预缴（征）所得税额								
16	本期应补（退）所得税额（12-13-14-15）\ 税务机关确定的本期应纳所得税额								

续表

<table>
<tr><td rowspan="2">项目</td><td colspan="2">一季度</td><td colspan="2">二季度</td><td colspan="2">三季度</td><td colspan="2">四季度</td><td rowspan="2">季度平均值</td></tr>
<tr><td>季初</td><td>季末</td><td>季初</td><td>季末</td><td>季初</td><td>季末</td><td>季初</td><td>季末</td></tr>
<tr><td colspan="10">汇总纳税企业总分机构税款计算</td></tr>
<tr><td>17</td><td rowspan="4">总机构</td><td colspan="7">总机构本期分摊应补（退）所得税额（18+19+20）</td><td></td></tr>
<tr><td>18</td><td colspan="7">其中：总机构分摊应补（退）所得税额（16× 总机构分摊比例__%）</td><td></td></tr>
<tr><td>19</td><td colspan="7">财政集中分配应补（退）所得税额（16× 财政集中分配比例__%）</td><td></td></tr>
<tr><td>20</td><td colspan="7">总机构具有主体生产经营职能的部门分摊所得税额（16× 全部分支机构分摊比例__%× 总机构具有主体生产经营职能部门分摊比例__%）</td><td></td></tr>
<tr><td>21</td><td rowspan="2">分支机构</td><td colspan="7">分支机构本期分摊比例</td><td></td></tr>
<tr><td>22</td><td colspan="7">分支机构本期分摊应补（退）所得税额</td><td></td></tr>
<tr><td colspan="10">实际缴纳企业所得税计算</td></tr>
<tr><td>23</td><td colspan="6">减：民族自治地区企业所得税地方分享部分：□ 免征 □ 减征：减征幅度__%）</td><td colspan="2">本年累计应减免金额［（12-13-15）× 40% × 减征幅度］</td><td></td></tr>
<tr><td>24</td><td colspan="8">实际应补（退）所得税额</td><td></td></tr>
<tr><td colspan="10">谨声明：本纳税申报表是根据国家税收法律法规及相关规定填报的，是真实的、可靠的、完整的。
纳税人（签章）：　　年　月　日</td></tr>
<tr><td colspan="5">经办人：
经办人身份证号：
代理机构签章：
代理机构统一社会信用代码：</td><td colspan="5">受理人：
受理税务机关（章）：
受理日期：</td></tr>
</table>

4.4.1.2 《资产加速折旧、摊销（扣除）优惠明细表》的填写

表 4-7 为表 4-6《中华人民共和国企业所得税月（季）度预缴纳税申报表（A 类）》附表，适用于享受资产加速折旧、摊销和一次性扣除优惠政策的纳税人填报。不享受资产加速折旧、摊销和一次性扣除优惠政策的纳税人，无须填报。

根据《国家税务总局关于企业固定资产加速折旧所得税处理有关问题的通知》（国税发【2009】81 号）等规定，上述政策仅适用于汇算清缴，纳税人在月（季）度预缴申报时不填报本表。

表 4-7　资产加速折旧、摊销（扣除）优惠明细表

A201020《资产加速折旧、摊销（扣除）优惠明细表》

行次	项目	本年享受优惠的资产原值	本年累计折旧\摊销（扣除）金额				
			账载折旧\摊销金额	按照税收一般规定计算的折旧\摊销金额	享受加速政策计算的折旧\摊销金额	纳税调减金额	享受加速政策优惠金额
		1	2	3	4	5	6（4-3）
1	一、加速折旧、摊销（不含一次性扣除，1.1+1.2+…）						
1.1	（填写优惠事项名称）						
1.2	（填写优惠事项名称）						
2	二、一次性扣除（2.1+2.2+…）						
2.1	（填写优惠事项名称）						
2.2	（填写优惠事项名称）						
3	合计（1+2）						

4.4.1.3　《企业所得税汇总纳税分支机构所得税分配表》的填写

表 4-8 为《中华人民共和国企业所得税月（季）度预缴纳税申报表（A 类）》附表，适用于跨地区经营汇总纳税企业的总机构填报。对于仅在同一省（自治区、直辖市和计划单列市）内设立不具有法人资格分支机构的企业，参照上述文件规定制订企业所得税分配管理办法的，按照其规定填报本表。

4.4.1.4　《中华人民共和国企业所得税年度纳税申报表》的填写

在日常经营活动中，不同的企业在收入确认、成本核算、费用扣除等方面存在差异，也存在一些跨期收支、暂估入账的情况，且会计核算与税法规定存在差异，如固定资产折旧方法、无形资产摊销年限、业务招待费扣除标准等。

仅通过月度或季度的预缴申报难以全面、准确反映企业全年的真实经营成果和纳税义务。汇算清缴就是要在会计核算的基础上，按照税法规定对这些差异进行调整，确保所有企业按照统一的企业所得税法及相关规定，准确计算企业的应纳税额，确保纳税申报的准确性和完整性。

表 4-8 企业所得税汇总纳税分支机构所得税分配表

A202000《企业所得税汇总纳税分支机构所得税分配表》

税款所属期间： 年 月 日至 年 月 日

总机构名称（盖章）：

总机构纳税人识别号（统一社会信用代码）： 金额单位：元（列至角分）

<table>
<tr><td colspan="2">应纳所得税额</td><td>总机构分摊所得税额</td><td colspan="3">总机构财政集中分配所得税额</td><td colspan="2">分支机构分摊所得税额</td></tr>
<tr><td colspan="2"></td><td></td><td colspan="3"></td><td colspan="2"></td></tr>
<tr><td rowspan="9">分支机构情况</td><td rowspan="2">分支机构纳税人识别号（统一社会信用代码）</td><td rowspan="2">分支机构名称</td><td colspan="3">三项因素</td><td rowspan="2">分配比例</td><td rowspan="2">分配所得税额</td></tr>
<tr><td>营业收入</td><td>职工薪酬</td><td>资产总额</td></tr>
<tr><td></td><td></td><td></td><td></td><td></td><td></td><td></td></tr>
<tr><td></td><td></td><td></td><td></td><td></td><td></td><td></td></tr>
<tr><td></td><td></td><td></td><td></td><td></td><td></td><td></td></tr>
<tr><td></td><td></td><td></td><td></td><td></td><td></td><td></td></tr>
<tr><td></td><td></td><td></td><td></td><td></td><td></td><td></td></tr>
<tr><td colspan="2">合计</td><td></td><td></td><td></td><td></td><td></td></tr>
</table>

企业年度汇算清缴表由三部分组成：封面、申报表清单及各申报明细表，表 4-9 为企业的基础信息表，表 4-10 为企业所得税年度纳税申报表的主表。

（1）企业基础信息表

表 4-9 《企业所得税年度纳税申报基础信息表》

A000000 企业所得税年度纳税申报基础信息表

<table>
<tr><td colspan="5">基本经营情况（必填项目）</td></tr>
<tr><td>101 纳税申报企业类型（填写代码）</td><td></td><td colspan="2">102 分支机构就地纳税比例（%）</td><td></td></tr>
<tr><td>103 资产总额（填写平均值，单位：万元）</td><td></td><td colspan="2">104 从业人数（填写平均值，单位：人）</td><td></td></tr>
<tr><td>105 所属国民经济行业（填写代码）</td><td></td><td colspan="2">106 从事国家限制或禁止行业</td><td>□是 □否</td></tr>
<tr><td>107 适用会计准则或会计制度（填写代码）</td><td></td><td colspan="2">108 采用一般企业财务报表格式（2019 年版）</td><td>□是 □否</td></tr>
<tr><td>109 小型微利企业</td><td>□是 □否</td><td>110 上市公司</td><td colspan="2">是（□境内 □境外） □否</td></tr>
</table>

续表

<table>
<tr><td colspan="5">有关涉税事项情况（存在或者发生下列事项时必填）</td></tr>
<tr><td colspan="2">201 从事股权投资业务</td><td>□是</td><td>202 存在境外关联交易</td><td>□是</td></tr>
<tr><td rowspan="2">203 境外所得信息</td><td>203-1 选择采用的境外所得抵免方式</td><td colspan="3">□分国（地区）不分项　□不分国（地区）不分项</td></tr>
<tr><td>203-2 新增境外直接投资信息</td><td colspan="3">□是（产业类别：□旅游业□现代服务业□高新技术产业）</td></tr>
<tr><td colspan="2">204 有限合伙制创业投资企业的法人合伙人</td><td>□是</td><td>205 创业投资企业</td><td>□是</td></tr>
<tr><td colspan="2">206 技术先进型服务企业类型（填写代码）</td><td></td><td>207 非营利组织</td><td>□是</td></tr>
<tr><td colspan="2">208 软件、集成电路企业类型（填写代码）</td><td></td><td>209 集成电路生产项目类型</td><td>□ 130 纳米
□ 65 纳米
□ 28 纳米</td></tr>
<tr><td rowspan="2">210 科技型中小企业</td><td>210-1__年（申报所属期年度）入库编号 1</td><td></td><td>210-2 入库时间 1</td><td></td></tr>
<tr><td>210-3__年（所属期下一年度）入库编号 2</td><td></td><td>210-4 入库时间 2</td><td></td></tr>
<tr><td rowspan="2">211 高新技术企业申报所属期年度有效的高新技术企业证书</td><td>211-1 证书编号 1</td><td></td><td>211-2 发证时间 1</td><td></td></tr>
<tr><td>211-3 证书编号 2</td><td></td><td>211-4 发证时间 2</td><td></td></tr>
<tr><td colspan="2">212 重组事项税务处理方式</td><td>□ 一般性
□ 特殊性</td><td>213 重组交易类型（填写代码）</td><td></td></tr>
<tr><td colspan="2">214 重组当事方类型（填写代码）</td><td></td><td>215 政策性搬迁开始时间</td><td>__年__月</td></tr>
<tr><td colspan="2">216 发生政策性搬迁且停止生产经营无所得年度</td><td>□ 是</td><td>217 政策性搬迁损失分期扣除年度</td><td>□ 是</td></tr>
<tr><td colspan="2">218 发生非货币性资产对外投资递延纳税事项</td><td>□ 是</td><td>219 非货币性资产对外投资转让所得递延纳税年度</td><td>□ 是</td></tr>
<tr><td colspan="2">220 发生技术成果投资入股递延纳税事项</td><td>□ 是</td><td>221 技术成果投资入股递延纳税年度</td><td>□ 是</td></tr>
<tr><td colspan="2">222 发生资产（股权）划转特殊性税务处理事项</td><td>□ 是</td><td>223 债务重组所得递延纳税年度</td><td>□ 是</td></tr>
</table>

续表

主要股东及分红情况（必填项目）					
股东名称	证件种类	证件号码	投资比例（%）	当年（决议日）分配的股息、红利等权益性投资收益金额	国籍（注册地址）
其余股东合计	—	—			—

（2）年度申报表主表

表 4-10 《中华人民共和国企业所得税年度纳税申报主表》

A100000 中华人民共和国企业所得税年度纳税申报主表（A 类）

行次	类别	项目	金额
1	利润总额计算	一、营业收入（填写 A101010/101020/103000）	
2		减：营业成本（填写 A102010/102020/103000）	
3		减：税金及附加	
4		减：销售费用（填写 A104000）	
5		减：管理费用（填写 A104000）	
6		减：研发费用（填写 A104000）	
7		减：财务费用（填写 A104000）	
8		加：其他收益	
9		加：投资收益（损失以‘-’号填列）	
10		加：净敞口套期收益（损失以‘-’号填列）	
11		加：公允价值变动收益（损失以‘-’号填列）	
12		加：信用减值损失（损失以‘-’号填列）	
13		加：资产减值损失（损失以‘-’号填列）	
14		加：资产处置收益（损失以‘-’号填列）	
15		二、营业利润（亏损以‘-’号填列）	
16		加：营业外收入（填写 A101010/101020/103000）	
17		减：营业外支出（填写 A102010/102020/103000）	
18		三、利润总额（15+16-17）	

续表

行次	类别	项目	金额
19	应纳税所得额计算	减：境外所得（填写 A108010）	
20		加：纳税调整增加额（填写 A105000）	
21		减：纳税调整减少额（填写 A105000）	
22		减：免税、减计收入及加计扣除（22.1+22.2+⋯）	
22.1		（填写优惠事项名称）	
22.2		（填写优惠事项名称）	
23		加：境外应税所得抵减境内亏损（填写 A108000）	
24		四、纳税调整后所得（18-19+20-21-22+23）	
25		减：所得减免（填写 A107020）	
26		减：弥补以前年度亏损（填写 A106000）	
27		减：抵扣应纳税所得额（填写 A107030）	
28		五、应纳税所得额（24-25-26-27）	
29	应纳税额计算	税率（25%）	
30		六、应纳所得税额（28×29）	
31		减：减免所得税额（31.1+31.2+⋯）	
31.1		（填写优惠事项名称）	
31.2		（填写优惠事项名称）	
32		减：抵免所得税额（填写 A107050）	
33		七、应纳税额（30-31-32）	
34		加：境外所得应纳所得税额（填写 A108000）	
35		减：境外所得抵免所得税额（填写 A108000）	
36		八、实际应纳所得税额（33+34-35）	
37	实际应补（退）税额计算	减：本年累计预缴所得税额	
38		九、本年应补（退）所得税额（36-37）	
39		其中：总机构分摊本年应补（退）所得税额（填写 A109000）	
40		财政集中分配本年应补（退）所得税额（填写 A109000）	
41		总机构主体生产经营部门分摊本年应补（退）所得税额（填写 A109000）	
42		减：民族自治地区企业所得税地方分享部分：（□免征 □减征：减征幅度__%）	
43		减：稽查查补（退）所得税额	
44		减：特别纳税调整补（退）所得税额	
45		十、本年实际应补（退）所得税额（38-42-43-44）	

4.4.2 企业所得税的缴纳申报

企业按月份或季度进行所得税纳税申报，应当自月份或季度终了之日起15日内在规定的纳税地点进行所得税税款申报；年度汇算清缴时，应自年度终了之日起5个月内，向主管税务机关报送年度纳税申报表，并及时缴纳税款。

税法对不同状况的纳税人的纳税地点都作了相应的规定，具体内容可见表4-11。

表4-11 纳税地点

序号	纳税人状况	纳税地点
1	居民企业	企业登记注册地
2	登记注册地在境外的居民企业	实际管理机构所在地
3	在我国设立机构、场所的非居民企业	机构、场所所在地
4	在我国设立两个或两个以上机构、场所的	主要机构、场所地汇总缴纳
5	在我国境内未设立机构、场所的	扣缴义务人所在地

4.5 财税小点拨——企业所得税的合理节税

企业所得税的节税方法多种多样，比如拆大化小、享受小微企业的税收优惠政策，比如利用总分支机构进行统筹税务安排，等等。下面简要介绍企业经济业务中最常见的业务招待费、广告费、业务宣传费这三费的节税方法。

《企业所得税法》及《企业所得税法实施条例》中对上述三费扣除限额有规定：

① 业务招待费：按照发生额60%扣除，但最高不得超过当年销售（营业）收入的5‰。也就是说，业务招待费的支出按实际发生额的60%与当年销售收入的5‰，两者相较，按低者进行应税所得额的扣除。

② 广告费和业务宣传费：在新的《企业所得税法实施条例》中，不再严格区分广告费和业务宣传费。企业发生的符合条件的广告费和业务宣传费，不超过当年销售（营业）收入的15%的部分，准予扣除；超过部分准予在以后纳税年度结转扣除。

据此，对于上述三项费用在进行税务筹划时，应在税法与会计准则的标准内，尽量加大据实扣除的费用额度，尽可能充分利用费用扣除限额的上限。

其中一种方法就是将企业的组织结构进行拆分，通过设立独立核算的分支机构增加所得税扣除限额，达到降低企业所得税的目的。

【例 4-4】 某生产企业 2024 年度销售收入实现 5000 万元，财务账目中列支该年度业务招待费 95 万元，广告费及业务宣传费共 780 万元，税前会计利润总额为 63 万元，计算该企业的所得税额并进行纳税筹划。

业务招待费超标：95×60%=57（万元）；5000×5‰ =25（万元），按从低原则 25 万元可予以扣除，超标 95−25=70（万元）。

广告费和业务宣传费超标：780−5000×15%=30（万元）。

超标部分应纳所得税税额：(70+30)×25%=25（万元）。

假设采用拆分企业组织结构的办法，将企业的销售部门分离，作为一个独立核算的销售公司。企业先将产品以 4700 万元销售给销售公司，销售公司再以 5000 万元对外销售，企业与销售公司发生的业务招待费用分别为 57 万元和 38 万元，广告费和业务宣传费分别为 560 万元和 220 万元，两者的税前利润分别为 25 万元和 38 万元。再分别计算企业与销售公司应交的所得税。

企业：

业务招待费扣除限额：57×60%=34.2（万元）；4700×5‰ =23.5（万元），按从低原则超标额度为 57−23.5=33.5（万元）。

广告和业务宣传费扣除限额：560−4700×15%=−145（万元），未超过标准无须调增应税所得额。

销售公司：

业务招待费：38×60%=22.8（万元）；5000×5‰ =25（万元），按从低原则超标额度为 38−22.8=15.2（万元）。

广告和业务宣传费扣除限额：220−5000×15%=−530（万元），未超过标准，不作纳税调增。

两个企业合计应调增应税所得额 =33.5+15.2=48.7（万元），应纳所得税额 =48.7×25%=12.18（万元），与纳税筹划前相比，节省所得税 =25−12.18=12.82（万元）。

注： 企业在采用上述方式进行纳税筹划时，还应考虑到因此而带来的其他利益，如扩大销售市场，以及减少相应的成本，如销售公司的管理成本等。因此，应对企业的成本效益进行综合考虑后，从长远利益进行最终的纳税筹划决定。

第5章 个人所得税

个人所得税被称为经济的“内在稳定器”，它在调节收入分配、缩小贫富差距、促进社会稳定及增加财政收入方面起到了积极的作用。我国从1980年开始实施《中华人民共和国个人所得税法》(简称《个人所得税法》)，随着国民经济的发展及人民收入的不断提高，个人所得税的实施细则进行了多次调整。个人所得税与每个公民都息息相关，是否应该纳税、如何纳税、哪些所得应该缴税等，都是本章介绍的内容。

5.1 个人所得税的基础知识

个人所得税法将所得减除费用标准由以前的3500元提高到目前的5000元，这一税法的调整会对哪些人群产生影响？又如何产生影响呢？要理解这些问题，就需要了解个人所得税的基础知识。

5.1.1 个人所得税简述

（1）个人所得税概念

所得税是对应税所得进行征收的一种税收，企业所得税是针对居民企业和非居民企业等组织进行征收的所得税。与企业所得税不同，个人所得税的征税对象为自然人，它是将自然人取得的各类应税所得作为征税对象而征收的一种税收，是政府采用税收手段对个人收入进行调节的方式。

注：个人所得税中所指的自然人包括个人，以及个体工商户等依法取得经营主体资格的自然人组织形式。

个人所得税最早产生于18世纪末的英国，到目前为止已成为世界各国普遍征收的税种，是各国政府重要的财政收入来源。

（2）个人所得税的计税原理和征收模式

个人所得税以纳税人的收入（报酬）扣减相关费用以后的余额作为税款计算的依据，也就是以个人纯所得为计税依据。可扣除的相关费用包括个人为获得收入（报酬）而产生的经营费用，以及个人维持自身及家庭生活的费用和税法规定可予以扣除的其他费用。

个人所得税的征收采用分类征收、综合征收和混合征收三种模式，各种模式的具体含义与各自的优缺点见表5-1。自2019年个税改革后，我国实行的是“分类＋综合”的混合征收制的方式对纳税人的个人所得税进行税款征收。

表5-1 个人所得税的征收模式

序号	征收模式	含义	优点	缺点
1	分类征收制	对纳税人不同来源和性质的所得项目，按规定的不同税率进行征税	区别征税，有利于体现国家的政治、经济与社会政策；简化纳税手续，节约纳税成本；符合税收效率原则	容易导致实际税负不公平；课税范围狭窄；易产生较大的避税空间
2	综合征收制	根据纳税人全年各项所得加总后扣除家庭费用后的总额征税	将各类收入合并计算，避免高收入者通过分散收入避税，符合社会公平原则	不利于体现国家的政治、经济与社会政策，征收难度大

续表

序号	征收模式	含义	优点	缺点
3	混合征收制	对纳税人的各项所得先按不同税率征税，然后再对全年所得汇总征税	既能实现税收的政策性调节功能，又体现了税收的公平原则	—

（3）个人所得税的作用

个人所得税具有税收的基本功能如收入分配、获取财政收入及资源配置等，其具体作用主要有以下三个方面：

① 用来缓解社会分配不公的矛盾，调节收入分配，在保证分配效率的前提下体现社会公平；

② 通过个人所得税的征收来增加国家财政收入，拓宽国家筹集资金的渠道；

③ 增强国民的纳税意识，树立公民履行依法纳税义务的观念。

5.1.2 个人所得税的纳税义务人

我国个人所得税的纳税义务人根据是否居住在我国，以及在我国居住时间长短的标准，可以分为居民纳税人和非居民纳税人，具体包括我国公民、个体户及在我国有所得的外籍人员、港澳台同胞。

居民纳税人与非居民纳税人如何判定，以及他们对个人所得税的纳税义务如何承担，其哪些所得应该征收个人所得税，这些问题见表 5-2。

表 5-2 个人所得税纳税义务人

分类	承担义务	判定标准	举例	税款征收范围
居民纳税人	无限纳税义务	1. 在我国因家庭、经济等关系，有住所的个人 2. 在我国境内无住所，但一个纳税年度内居住累计满 183 天的个人	在我国境内定居的中国公民和外国侨民	来源于中国境内和中国境外任何地方的应纳税所得
非居民纳税人	有限纳税义务	1. 在我国境内无住所且不居住的个人 2. 在我国境内无住所并且一个纳税年度内居住累计不满 183 天的个人	不在我国境内居住，或在我国境内一个纳税年度内居住累计不满 183 天的外籍人员、海外侨胞和港澳台同胞	仅对其来源于我国境内的所得征税

注：“我国境内”仅指我国大陆地区，不包括香港、澳门和台湾地区。

我国自2000年1月1日起，将个人独资企业和合伙企业也作为个人所得税的纳税义务人。

5.1.3 应税所得项目

税法对个人所得税的应税所得项目有明确规定，应纳个人所得税的项目种类繁多，具体包括下列各项。

（1）工资、薪金所得

个人因受雇或就职而获得的工资、薪金、奖金、年终加薪、津贴、补贴、劳动分红以及跟就职和受雇有关的各类所得为工资、薪金所得，应作为个人所得税计征项目计算个人所得税。

出租车驾驶员对其单位的出租车采取承包或承租方式运营的，其从事客运、货运所取得的收入，按工资、薪金所得计征个人所得税。

（2）个体工商户的生产和经营所得

个体工商户和从事生产、经营的个人直接从事工商各业，如工业、手工业、建筑业、商业、交通运输业、医疗、咨询、彩票代销等生产、经营活动而取得的生产性、经营性所得，以及独立劳动所得，如私人诊所的医生、独立从事文教等活动的个人获得的所得，应缴纳个人所得税。

个体工商户和个人取得的与生产经营活动无关的其他所得，如存款利息、投资股息等，不属于此税目的征税范围，应根据其他应税项目进行计税。

个人独资企业和个人合伙企业投资者的生产经营所得，比照个体工商户生产和经营所得的税目进行计税。

个体工商户生产经营活动中，应当分别核算生产经营费用和个人、家庭费用。对于生产经营与个人、家庭生活混用难以分清的费用，其40%视为与生产经营有关的费用，准予扣除。

个人对企事业单位的生产经营、采购、销售、建筑安装业务承包或承租经营，以及转包或转租所取得的所得，应计征个人所得税。

（3）劳务报酬所得

个人独立从事的各种非雇佣关系的劳务所得为劳务报酬所得。此处所指的劳务项目有：设计、安装、制图、装潢、化验、测试、医疗、法律、咨询、会计、讲学、新闻、广播、翻译、审稿、书画、雕刻、影视、录音、录像、演出、表演、广告、展览、技术服务、介绍服务、经纪服务、代办服务和其他劳务等。

注：劳务报酬所得与工资、薪金所得在实际操作中容易混淆，两者的主要区别在于是否属于非独立个人劳务活动。劳务报酬所得均是个人独立从事上述各项劳务所取得的报酬，而工资、薪金所得则属于非独立劳务活动，个人与单位之间存在雇佣与被雇佣的关系。

（4）稿酬所得

个人因其作品以图书、报刊形式出版或发表而获得的所得，应计征个人所得税。

（5）特许权使用费所得

个人将其所拥有的专利权、商标权、著作权、非专利技术以及其他特许权的使用权向他人提供而取得的收入，属于"特许权使用费所得"的税目，应当依法缴纳个人所得税。

注：稿酬所得应与提供著作权使用权的所得分开税目计税。

（6）利息、股息、红利所得

个人拥有债权、股权而取得的利息（不含因拥有国债和国家发行的金融债券所取得的利息）、股息、红利所得，应当按规定缴纳个人所得税。

（7）财产租赁所得

个人出租建筑物、土地使用权、机器设备、车船及其他财产取得的所得为财产租赁所得，应按规定缴纳个人所得税。

（8）财产转让所得

个人转让有价证券、股权、建筑物、机器设备、土地使用权、车船及其他财产的所得，应按财产转让所得税目征收个人所得税。

注：我国目前对个人转让境内上市公司的股票转让所得暂不征收个人所得税。

（9）偶然所得

个人因得奖、中彩及其他偶然因素而获得的所得，一律由发奖单位或机构代为扣缴个人所得税。

（10）其他所得

由国务院财政部门确定的其他应征税的个人所得。

5.1.4　个人所得税的税率和税收优惠

5.1.4.1　税率

个人所得税按项目不同分别确定不同所得的个人所得税税率。

① 居民个人的综合所得，以每一纳税年度的收入额减除费用六万元以及专项扣除、专项附加扣除和依法确定的其他扣除后的余额，为应纳税所得额。

a. 工资、薪金所得适用 3% ～ 45% 的七级超额累进预扣率，见表 5-3；

b. 劳务报酬所得适用 20% ～ 40% 的三级超额累进预扣率，见表 5-4；

c. 稿酬所得、特许权使用费所得适用 20% 的比例预扣率。

表 5-3 个人所得税税率表（一）

（居民个人工资、薪金所得预扣预缴适用）

级数	全年应纳税所得额	税率 /%	速算扣除数
1	不超过 36000 元的部分	3	0
2	超过 36000 元至 144000 元的部分	10	2520
3	超过 144000 元至 300000 元的部分	20	16920
4	超过 300000 元至 420000 元的部分	25	31920
5	超过 420000 元至 660000 元的部分	30	52920
6	超过 660000 元至 960000 元的部分	35	85920
7	超过 960000 元的部分	45	181920

表 5-4 个人所得税税率表（二）

（居民个人劳务报酬所得预扣预缴适用）

级数	预扣预缴应纳税所得额	预扣率 /%	速算扣除数
1	不超过 20000 元的部分	20	0
2	超过 20000 元至 50000 元的部分	30	2000
3	超过 50000 元的部分	40	7000

② 非居民个人的工资、薪金所得，以每月收入额减除费用五千元后的余额为应纳税所得额；劳务报酬所得、稿酬所得、特许权使用费所得，以每次收入额为应纳税所得额。适用 3% ～ 45% 的七级超额累进税率，见表 5-5。

③ 经营所得，以每一纳税年度的收入总额减除成本、费用以及损失后的余额，为应纳税所得额。适用 5% ～ 35% 的五级超额累进税率，见表 5-6。

表 5-5 个人所得税税率表（三）

（非居民个人工资、薪金所得，劳务报酬所得，稿酬所得，特许权使用费所得适用）

级数	应纳税所得额	税率 /%	速算扣除数
1	不超过 3000 元的部分	3	0
2	超过 3000 元至 12000 元的部分	10	210
3	超过 12000 元至 25000 元的部分	20	1410
4	超过 25000 元至 35000 元的部分	25	2660

续表

级数	应纳税所得额	税率 /%	速算扣除数
5	超过 35000 元至 55000 元的部分	30	4410
6	超过 55000 元至 80000 元的部分	35	7160
7	超过 80000 元的部分	45	15160

表 5-6　个人所得税税率表（四）

（经营所得适用）

级数	全年应纳税所得额	税率 /%	速算扣除数
1	不超过 30000 元的部分	5	0
2	超过 30000 元至 90000 元的部分	10	1500
3	超过 90000 元至 300000 元的部分	20	10500
4	超过 300000 元至 500000 元的部分	30	40500
5	超过 500000 元的部分	35	65500

④ 财产租赁所得，每次收入不超过四千元的，减除费用八百元；四千元以上的，减除百分之二十的费用，其余额为应纳税所得额，适用 20% 的比例税率。

⑤ 财产转让所得，以转让财产的收入额减除财产原值和合理费用后的余额，为应纳税所得额，适用 20% 的比例税率。

⑥ 利息、股息、红利所得和偶然所得，以每次收入额为应纳税所得额，适用 20% 的比例税率。

劳务报酬所得、稿酬所得、特许权使用费所得以收入减除百分之二十的费用后的余额为收入额。稿酬所得的收入额减按百分之七十计算。

个人将其所得对教育、扶贫、济困等公益慈善事业进行捐赠，捐赠额未超过纳税人申报的应纳税所得额百分之三十的部分，可以从其应纳税所得额中扣除；国务院规定对公益慈善事业捐赠实行全额税前扣除的，从其规定。

注： 专项扣除，包括居民个人按照国家规定的范围和标准缴纳的基本养老保险、基本医疗保险、失业保险等社会保险费和住房公积金等；专项附加扣除，包括子女教育、继续教育、大病医疗、住房贷款利息或者住房租金、赡养老人等支出，具体范围、标准和实施步骤由国务院确定，并报全国人民代表大会常务委员会备案。

5.1.4.2 税收优惠

国家在《个人所得税法》及其实施条例中对个人所得税的税收优惠制定了免征、减征、暂免及减免等政策，各项税收优惠政策的具体规定如下。

（1）个人所得税免税优惠

下列各项个人所得，免征个人所得税：

① 省级人民政府、国务院部委和中国人民解放军军以上单位，以及外国组织、国际组织颁发的科学、教育、技术、文化、卫生、体育、环境保护等方面的奖金；

② 国债和国家发行的金融债券的利息；

③ 按照国家统一规定发给的补贴、津贴；

④ 福利费、抚恤金、救济金；

⑤ 保险赔款；

⑥ 军人的转业费、复员费、退役金；

⑦ 按照国家统一规定发给干部、职工的安家费、退职费、基本养老金或者退休费、离休费、离休生活补助费；

⑧ 依照有关法律规定应予免税的各国驻华使馆、领事馆的外交代表、领事官员和其他人员的所得；

⑨ 中国政府参加的国际公约、签订的协议中规定免税的所得；

⑩ 国务院规定的其他免税所得。

（2）个人所得税减征优惠

有下列情形之一的，可以减征个人所得税，具体幅度和期限由省、自治区、直辖市人民政府规定，并报同级人民代表大会常务委员会备案：

① 残疾、孤老人员和烈属的所得；

② 因自然灾害遭受重大损失的。

5.2 个人所得税的计算

个人所得税税额的确定涉及相应税目的适用税率，以及不同项目的费用扣除标准。不同项目的个人所得税计算略有不同，下面将分别对各项所得的应纳税额计算进行介绍。

5.2.1 应税所得额的规定

（1）费用扣除标准

应税所得额是个人某项应税项目的所得额扣减税法规定的该项所得的费用标准后的余额，不同项目的费用扣除标准按税法规定如表 5-7 所示。

表 5-7 费用扣除标准

1	居民个人的综合所得	以每一纳税年度的收入额减除费用六万元以及专项扣除、专项附加扣除和依法确定的其他扣除后的余额，为应纳税所得额
2	非居民个人的工资、薪金所得	以每月收入额减除费用五千元后的余额为应纳税所得额
3	经营所得	以每一纳税年度的收入总额减除成本、费用以及损失后的余额，为应纳税所得额
4	财产租赁所得	每次收入不超过四千元的，减除费用八百元；四千元以上的，减除百分之二十的费用，其余额为应纳税所得额
5	财产转让所得	以转让财产的收入额减除财产原值和合理费用后的余额，为应纳税所得额
6	利息、股息、红利所得和偶然所得	以每次收入额为应纳税所得额

注：新个税（个人所得税，简称个税）法于 2019 年 1 月 1 日起施行，2018 年 10 月 1 日起施行最新起征点和税率。

个人所得税采取分项计税的办法，居民个人综合所得个人所得税的计算方法包括预扣预缴税款和综合所得汇算清缴。

预扣预缴税款：

① 扣缴义务人向居民个人支付工资、薪金所得时，应当按照累计预扣法计算预扣税款，并按月办理全员全额扣缴申报。

② 扣缴义务人向居民个人支付劳务报酬所得、稿酬所得、特许权使用费所得，以每次或每月收入额为预扣预缴应纳税所得额，分别适用三级超额累进预扣率和 20% 的比例预扣率，按次或按月计算每项所得应预扣预缴的个人所得税。

综合所得汇算清缴：居民个人办理年度综合所得汇算清缴时，应当依法计算工资、薪金所得，劳务报酬所得，稿酬所得，特许权使用费所得的收入额，并入年度综合所得计算应纳税款，税款多退少补。

（2）各项所得收入的确定

个人所得税的各项所得在进行计税时分为每月所得和每次所得，每月所得的时间范围容易划分；对于每次所得中的“次”如何准确划分，在《中华人民共和国个人所得税法实施条例》（简称《个人所得税法实施条例》）中有明确的规定。

个人所得项目中的劳务报酬所得、稿酬所得、特许权使用费所得、利息、股息、红利所得、财产租赁所得以及偶然所得和其他所得是按次计算征税，其每次收入确定的具体规定见表 5-8。

表 5-8　每次收入的确定的具体规定

<table>
<tr><th>序号</th><th>所得项目</th><th>收入的确定</th></tr>
<tr><td rowspan="2">1</td><td rowspan="2">劳务报酬所得</td><td>1. 为一次性收入的，以取得该项收入为一次</td></tr>
<tr><td>2. 同一事项连续取得的收入，以一个月内取得的收入为一次</td></tr>
<tr><td rowspan="6">2</td><td rowspan="6">稿酬所得</td><td>以每次发表出版取得的收入为一次</td></tr>
<tr><td>1. 对同一作品再版的，其所得应视为另一次所得</td></tr>
<tr><td>2. 同一作品先连载于报刊再出版，或先出版再连载的，视为两次所得</td></tr>
<tr><td>3. 同一作品连载在报刊上的，以连载完成前后为一次</td></tr>
<tr><td>4. 同一作品出版发表时，分次获得稿酬的，合并为一次</td></tr>
<tr><td>5. 同一作品出版发表后，追加稿酬的，应与之前取得的稿酬合并为一次</td></tr>
<tr><td>3</td><td>特许使用权所得</td><td>以每项使用权每次转让所得为一次，每次所得分多次收取的应计为一次</td></tr>
<tr><td>4</td><td>财产租赁所得</td><td>以 1 个月内的收入为一次</td></tr>
<tr><td>5</td><td>利息、股息、红利所得</td><td>以取得收入时为一次</td></tr>
<tr><td>6</td><td>偶然所得</td><td>以每次取得收入为一次</td></tr>
<tr><td>7</td><td>其他所得</td><td>以每次取得收入为一次</td></tr>
</table>

（3）应税所得额的其他规定

个人所得税应税所得额的其他规定如下：

① 应缴纳个人所得税的应纳税所得包括现金、实物和有价证券。

② 个人将其所得向遭受严重自然灾害地区、贫困地区进行公益救济捐赠的，可从其应纳税所得额中扣除其未超过纳税申报应税所得额 30% 的部分；通过非营利的机关团体向农村义务教育进行捐赠的，可全额扣除。

③ 个人将非偶然所得和其他所得的所得额用于资助非关联的科研机构、高等学校研究开发新产品、新技术和新工艺所发生的研究开发费用的，可全额在下月 / 次或当年计征税款时扣除，但不足抵扣的不得结转抵扣。

5.2.2　应纳个人所得税的计算

个人所得因各项目的扣除费用标准及所执行的税收征收制度不同，在进行应纳税额的计算时应分别核算。

（1）工资、薪金应纳税额的计算

计算公式：

本期应预扣预缴税额＝（累计预扣预缴应纳税所得额 × 预扣率－速算扣除数）－累计减免税额－累计已预扣预缴税额

累计预扣预缴应纳税所得额＝累计收入－累计免税收入－累计减除费用－累计专项扣除－累计专项附加扣除－累计依法确定的其他扣除

上述公式中：

累计减除费用，按照 5000 元 / 月乘以纳税人当年截至本月在本单位的任职受雇月份数计算。

适用税率及速算扣除数见表 5-3。

【例 5-1】 某职工 2024 年每月取得工资收入 35000 元，每月缴纳社保和住房公积金等专项扣除 4800 元，享受子女教育专项附加扣除每月 2000 元，没有减免收入和减免税额等情况。计算该职工 2024 年 1 月、2 月、3 月应预扣预缴税款金额。

1 月预扣预缴税额＝（35000－5000－4800－2000）×3%=696（元）

2 月预扣预缴税额＝（35000×2－5000×2－4800×2－2000×2）×10%－2520－696=1424（元）

3 月预扣预缴税额＝（35000×3－5000×3－4800×3－2000×3）×10%－2520－696－1424=2320（元）

由于 2 月应纳税所得额为 46400 元，适用 10% 的税率，故 2 月预扣预缴税率较 1 月有所增加。

【例 5-2】 某职工 2023 年 1 ～ 12 月从单位取得工资、薪金 52000 元，单位为其办理了 2023 年 1 ～ 12 月的工资、薪金所得个人所得税全员全额明细申报。2024 年 1 ～ 12 月该职工的应税工资、薪金收入合计 57500 元，其中，1 月发放 8000 元，2 ～ 12 月每月发放 4500 元。在不考虑“三险一金”等各项扣除情况下，请分析比较新旧预扣预缴方法和年度汇算清缴方法的差异。

依照旧的预扣预缴方法，该职工 2024 年 1 月需预缴个人所得税＝（8000－5000）×3%=90（元），其他月份无须预缴个人所得税；年度汇算清缴时，因其年收入不足 60000 元，故需要通过年度汇算清缴退税 90 元。

依照新的预扣预缴方法，该职工自 2024 年 1 月起即可直接扣除全年累计减除费用 60000 元而无须预缴税款，年度终了也不用办理汇算清缴。

注： 扣缴义务人在预扣预缴工资、薪金所得个人所得税时，可以自 1 月份起直接按照全年 6 万元计算扣除累计减除费用的，根据《国家税务总局关于进一步简便优化纳税人个人所得税预扣预缴方法的公告》（国家税务总局公告 2020 年第 19 号），有以下条件：

对于上一完整纳税年度内每月均在同一单位预扣预缴工资、薪金所得个人所得税且全年工资、薪金收入不超过6万元的居民个人，扣缴义务人在预扣预缴本年度工资、薪金个人所得税时，累计减除费用自1月份起直接按照全年6万元计算扣除。

在纳税人累计收入不超过6万元的月份，暂不预扣预缴个人所得税；在其累计收入超过6万元的当月及年内后续月份，再预扣预缴个人所得税。

扣缴义务人应当按照规定办理全员全额缴纳申报，并在《个人所得税扣缴申报表》相应纳税人的备注栏注明“上年各月均有申报且全年收入不超过6万元”字样。

（2）个体工商户的生产经营所得应纳税额的计算

① 查账征收。

计算公式：

应纳税额 = 应纳税所得额 × 适用税率 − 速算扣除数

应纳税所得额 = 全年收入总额 − 成本 − 费用 − 税金 − 损失 − 其他支出 − 允许弥补的以前年度亏损 / 或每月收入额 −5000 元

适用税率及速算扣除数如表 5-9 所示。

表 5-9 个体工商户、承包户生产经营所得适用税率表

税目	税率名称	级数	应纳税所得额	税率 /%	速算扣除数 / 元	备注
个体工商户生产经营所得；对企事业单位承包、承租经营所得	5 级超额累进税率	1	不超过 30000 元	5	0	应纳税所得额为全年应纳税所得额，指每一纳税年度的收入总额扣减相关的成本、费用及损失后的余额
		2	超过 30000 至 90000 元	10	1500	
		3	超过 90000 至 300000 元	20	10500	
		4	超过 300000 至 500000 元	30	40500	
		5	超过 500000 元	35	65500	

计算征收规定：

a. 支付给从业人员合理的工资、薪金允许在税前据实扣除，工会经费、职工福利费、教育经费等可按工资、薪金支出的 2%、14% 及 2.5% 的标准扣除。

b. 一个纳税年度发生的广告费和业务宣传费按不超过当年销售收入 15% 的比例扣除，超过 15% 的部分可在以后纳税年度结转扣除；业务招待费用按照发生额的 60% 与销售收入的 5‰两者从低者进行税前扣除。

c. 因生产经营而借款所发生的利息支出，有合法证明且不高于同类金融机构、同期贷款利率的，可予扣除。

d. 其他与生产经营无关的所得应按适用税目进行所得税的计算征收。

e. 投资者及其家庭所发生的生活费用不在税前扣除范围内。

f. 计得的各种准备金不得扣除。

g. 投资者同时举办两个或以上独资企业的，年度汇算清缴时先汇总计算所有企业的应纳税所得额，再按照下列公式分别计算出每个企业的应纳税额和应补缴税额：

应纳税所得额 = Σ各个企业的经营所得

应纳税额 = 应纳税所得额 × 税率 − 速算扣除数

本企业应纳税额 = 应纳税额 × 本企业的经营所得 ÷ Σ各企业的经营所得

本企业应补缴的税额 = 本企业应纳税额 − 本企业预缴的税额

② 核定征收。

计算公式：

应纳税额 = 应纳税所得额 × 适用税率

应纳税所得额 = 收入总额 × 应税所得率 = 成本费用支出额 ÷（1− 应税所得率）× 应税所得率

【例 5-3】 某个人独资企业按照税法和相关规定计算出 2024 年全年应纳税所得额为 40000 元。请计算其全年应纳税额。

全年应纳税额 =40000×10%−1500=2500（元）

（3）对企事业单位承包、承租经营所得应纳税额的计算

计算公式：

应纳税额 = 应纳税所得额 × 适用税率 − 速算扣除数

应纳税所得额 = 纳税年度收入总额 − 必要费用

注：纳税年度收入总额不包含上缴的承包费及承包者工资，承包者工资可按 5000 元一个月进行扣除。纳税年度不满 1 年的，以实际经营期限为纳税年度。其适用税率及速算扣除数同个体工商户经营所得。

【例 5-4】 某企业 2024 年 4 月 1 日与事业单位签订承包合同经营某招待所，承包期 2 年。2024 年承包人实现经营利润 100000 元，按合同规定从利润中上缴承包费 15000 元。请计算该承包人 2024 年应纳个人所得税。

分析：纳税年度不足 1 年按实际经营期限为纳税年度，实际经营期限为 9 个月，上缴费用不包含在纳税年度收入总额中。

年度应税所得额 =100000−15000−5000×9=40000（元）

应纳税额 =40000×10%−1500=2500（元）

（4）劳务报酬所得应纳税额的计算

劳务报酬所得同工资薪金所得一样，适用超额累进税率。

【例 5-5】 某明星一次表演收入为 60000 元，请计算其该次应缴纳的个人所得税。

分析： 该次收入额为 60000 元，应纳税所得额按收入额扣减 20% 的费用后为 48000 元，适用税率为 30%，速算扣除数为 4410 元。

应纳税额 =60000×（1-20%）×30%-4410=9990（元）

（5）稿酬所得应纳税额的计算

计算公式：

应纳税额 = 应纳税所得额 × 适用税率 ×（1-30%）

【例 5-6】 作家张某 2024 年 6 月取得一次未扣除个人所得税的稿酬收入 10000 元，请计算其应缴纳的个人所得税税额。

分析： 张某该次收入在 10000 元以上，应按收入减去 20% 费用后的余额为收入额，稿酬所得的收入额按 70% 计算应纳税所得额。

应纳税额 =10000×（1-20%）×70%×20%=1120（元）

（6）特许权使用费所得应纳税额的计算

计算公式：

应纳税额 = 应税所得额 × 适用税率

应纳税所得额 = 每次收入额 ×（1-20%）

【例 5-7】 某人提供专利权使用权获得一次未扣除个人所得税的使用费所得 20000 元，请计算其应缴纳的个人所得税税额。

应纳税额 =20000×（1-20%）×20%=3200（元）

（7）利息、股息、红利所得应纳税额的计算

计算公式：

应纳税额 = 应纳税所得额 × 适用的税率 = 每次收入额 ×20%

【例 5-8】 某居民年终分红 20000 元，请计算其应缴纳的个人所得税。

应纳税额：20000×20%=4000（元）

（8）财产租赁所得应纳税额的计算

计算公式：

应纳税额 = 应纳税所得额 × 适用税率

① 每月（次）收入不超过 4000 元的，应税所得额 = 每月（次）收入额 - 准予扣除项目 - 修缮费用（不超过 800 元）-800 元；

② 每月（次）收入超过 4000 元的，应税所得额 =［每月（次）收入额 - 准予扣除项目 - 修缮费用（不超过 800 元）］×（1-20%）。

准予扣除项目规定：

① 财产租赁过程中所缴纳的各种税费如印花税、教育费附加等；

② 纳税人为该出租财产实际承担的修缮费用，这里的实际修缮费用为不超

过 800 元的实际费用，如果当月修缮费用超过 800 元，可以延续到以后月份继续抵扣；

③ 税法规定的其他费用扣除标准。

【例 5-9】 某居民 2024 年将其自有的房屋进行出租，与承租人协议约定租期 1 年，每月租金收入 2000 元，请计算该居民全年应缴纳的个人所得税（假定未发生修缮费用且不考虑其他税费）。

分析：财产租赁收入按每月取得的收入为一次计算，适用税率为 20%，该居民每月收入为 2000 元。

每月应纳税额 =（2000−800）×20%=240（元）

全年应纳税额 =240×12=2880（元）

（9）财产转让所得应纳税额的计算

① 一般情况下应纳税额的计算：

计算公式：

应纳税额 = 应纳税所得额 × 适用的税率

应纳税所得额 = 收入总额 − 财产原值 − 合理税费

【例 5-10】 某中国居民为一中外合资企业的职员，其 2024 年 3 月转让所持有的企业债券 300 份，每份以 200 元的价格进行转让，发生相关税费 600 元。该债券购价每份 180 元，申购时支付的相关税费为 100 元。请计算该位居民应缴纳的个人所得税。

分析：有价证券转让可扣除相关合理税费及财产原值。

应纳税所得额 = [（200−180）×300−600−100] ×20%=1060（元）

② 个人住房转让应纳税额的计算：

个人住房转让的，应以实际成交价格作为转让收入额。原购房合同、发票等凭证经税务机关审核后，可将房屋原值、转让住房过程中缴纳的各种税金及有关合理费用从收入中扣减。

注：各种税金指个人在转让住房时实际缴纳的增值税、城建税、教育费附加、土地增值税、印花税及契税等税金；合理费用则指个人实际支付的住房装修费用、住房贷款利息、手续费、公证费等费用。

③ 个人销售无偿受赠不动产应纳税额的计算：

个人将受赠的不动产再次转让的，按财产转让所得计收入额，受赠、转让住房过程中缴纳的税金及有关合理费用可予扣除，按收入减去费用后的余额乘以 20% 的税率计算征收个人所得税，税务机关不得核定征收。

（10）偶然所得应纳税额的计算

计算公式：

应纳税额 = 应纳税所得额 × 适用税率

【例 5-11】 某居民在购买福利彩票过程中中奖 50000 元，其将中奖所得的 20% 通过教育部门捐给某希望小学。请计算该居民在福利彩票购票站代扣代缴个人所得税后实际可得的中奖金额。

分析：其通过教育部门捐赠的全额比例为 20%，按税法规定小于捐赠扣除比例，应在应纳税所得额中全额扣除。

应纳税所得额 =50000×（1-20%）=40000（元）

应纳税额 =40000×20%=8000（元）

实际可得中奖金额 =40000-8000=32000（元）

5.2.3 特殊问题个人所得税的计算

个人所得除了上述各个项目外，还存在很多其他收入，其计算也是各有规定。下面仅对日常工作中常见特殊问题的个人所得税计算加以介绍。

① 个人取得全年一次性奖金应纳税额的计算。全年一次性奖金指企事业单位、机关团体根据单位全年经济效益及雇员业绩发放的一次性奖金、绩效工资、年终加薪等。全年一次性奖金的应纳税额按下述方法计算：

a. 雇员当月取得的全年一次性奖金，在 2027 年 12 月 31 日之前，可选择不并入当年综合所得，按年度分 12 个月平均计算，再根据除以 12 后的商数确定适用税率及速算扣除数。

b. 雇员当月取得的全年一次性奖金，也可以选择并入当年综合所得，合并计算。

合并计算公式：

雇员当月工资薪金所得大于或等于费用扣除额的，应纳税额 = 雇员当月取得全年一次性奖金 × 适用税率 - 速算扣除数

雇员当月工资薪金所得小于费用扣除额的，应纳税额 =（雇员当月取得全年一次性奖金 - 雇员当月工资薪金所得与费用扣除额的差额）× 适用税率 - 速算扣除数

注：在一个纳税年度内，上述计税办法只允许选择其中之一来使用。

【例 5-12】 某中国公民张某 2024 年 12 月取得全年一次性奖金 60000 元，张某每月扣缴三险一金后的工资为 20000 元，每月享受子女教育专项附加扣除 2000 元，没有减免收入及减免税额等情况，请分别计算张某选择“年终奖不并入当年综合所得”及“年终奖并入当年综合所得”两种方式下全年应缴纳的个人所得税税额。当月工资超过扣除标准。计算该笔奖金收入应缴纳的个人所得税。

年终奖不并入综合所得：

单独计税的年终奖应纳税额的计算：

按 12 个月分摊，60000÷12=5000（元），根据综合所得税率表（月度表），确定税率 10%，速算扣除数 210 元；

计算年终奖应纳税额 =60000×10%-210=5790（元）。

工资薪金应纳税额的计算：

工资薪金应纳税所得额 =20000×12-60000-2000×12=156000（元）；

根据综合所得税率表（年度表），确定税率 20%，速算扣除数 16920 元；

计算工资薪金应纳税额 =156000×20%-16920=14280（元）；

年终奖不并入综合所得时，全年应纳税额 =5790+14280=20070（元）。

年终奖并入综合所得：

综合所得应纳税所得额 =20000×12+60000-60000-2000×12=216000（元）；

根据综合所得税率表（年度表），确定税率 20%，速算扣除数 16920 元；

全年应纳税额 =216000×20%-16920=26280（元）。

分析：年终奖不并入综合所得时，全年应纳税额 20070 元小于年终奖并入综合所得时的全年应纳税额 26280 元，故计算全年一次性年终奖时，可以选择不并入综合所得的方式。

c. 雇员取得的其他奖金，如半年奖、季度奖、加班奖等非全年一次性奖金的，不得全年平摊，一律与当月工资薪金所得进行加总后计算应缴纳的个人所得税。

② 企业为员工支付的各种免税之外的保险金，应当并入员工当期的工资、薪金收入，计征个人所得税。

③ 两个或两个以上的纳税人共同取得同一项收入的，应对其各自取得的收入分别减除费用后，再各自计算应纳的个人所得税。

④ 企业破产时，给予职工的一次性安置费收入免征个人所得税；个人因与聘用单位解除劳动关系而获得的一次性补偿收入，在当地上年度职工平均工资 3 倍以下的免征个人所得税，超过 3 倍数额的部分，不并入当年综合所得，单独适用综合所得税率表 5-3，计算纳税。

【例 5-13】 假设当地上年度职工平均工资为 3 万元，某员工获得一次性补偿收入 10 万元，计算该员工应缴纳的个人所得税。

应纳税所得额 =100000-30000×3=10000（元）

应纳税额 =10000×3%=300（元）

5.3 个人所得税的会计处理和纳税申报

纳税人和扣缴义务人应当在规定的期限内（次月 15 日前）向税务机关进行个

人所得税纳税申报，作为税务会计，还应根据相关的单证和凭据对所发生的经济业务进行相关的会计处理。

5.3.1 个人所得税的会计处理

个人所得税的会计处理应通过“应交税费”科目进行核算，在“应交税费”科目下设“个人所得税”明细科目进行明细核算。

（1）工资、薪金所得应纳税额的会计处理

个人取得的工资、薪金所得一般由所在企业或单位代扣代缴，企业进行代扣时，借记“应付职工薪酬”科目，贷记“应交税费——个人所得税”科目；

实际上缴时，借记“应交税费——应交个人所得税”科目，贷记“银行存款”等科目。

企业为职工代扣代缴个人所得税的，可分为两种：

① 职工自行承担其应纳个人所得税税额，由企业进行代扣代缴操作处理；

② 职工所得工资为税后工资，其税额与代缴事项均由企业承担，也即职工应得工资为税后工资与税额的合计。

【例 5-14】 刘某、李某同为某企业的职工，两人工资均为每月 9000 元，但劳动合同中刘某的个人所得税由自己承担，而李某则由企业为其承担，2024 年 3 月发放该两人工资时，企业的会计处理应如何进行？

分析：刘某的工资为税前工资，其个人所得税由其本人承担，企业只负有扣缴义务；而李某的工资为税后工资，企业应将其所应扣缴的个人所得税计入职工薪酬入账，同时，在计算李某的个人所得税时应先换算为税前所得再进行计税。

计算：

刘某的个人所得税 =（9000−5000）×10%−210=190（元）

李某的税前工资 =［税后工资 − 费用扣除标准 × 适用税率 − 速算扣除数］÷（1− 适用税率）=（9000−5000×10%−210）÷（1−10%）=9211（元）

李某的个人所得税 =（9211−5000）×10%−210=211（元）

会计分录：

发放工资时：

借：应付职工薪酬　　　18211（9000+9211）

　　其他应收款——刘某　　　190

　贷：银行存款　　　18000

　　　应交税费——个人所得税　　　401

实际上交时：

借：应交税费——个人所得税　　401

　贷：银行存款　　401

收到刘某支付的由企业代为扣缴的个人所得税款时：

借：银行存款　　190

　其他应收款——刘某　　190

注： 企业职工所得为税后工资时，企业申报的该职工薪酬应为税后工资与税额合计。若按税后工资计入"应付职工薪酬"科目，则企业承担的税款部分不得在计算企业所得税税前扣除。由于个人所得税是对取得应税收入的个人征收的一种税，其税款本应由个人负担。企业代纳税人负担的税款属于与企业经营活动无关的支出，应计入"利润分配"或"营业外支出"科目。因此，也不得在企业所得税税前扣除，在年终申报企业所得税时，应全额调增应纳税所得额。

（2）承包、承租经营所得应纳税额的会计处理

① 承包、承租经营所得，如果承包、承租人对企业经营成果没有所有权，仅按合同取得一定所得，其所得由支付所得的单位代扣代缴个人所得税的，与上述工资、薪金所得代扣代缴的会计处理相同。

【例 5-15】 某企业职工与单位签订承包合同，经营企业招待所，合同规定招待所实现的利润归企业所有，企业每月向该职工支付承包费 9000 元，并代扣代缴其应纳个人所得税。请计算该职工应缴纳的所得税并做会计处理。

分析： 作为承包人的企业职工对经营利润并不享有所有权，因此其获得的所得按"工资、薪金所得"项目进行计税。

计算：

应纳税额 =（9000−5000）×10%−210=190（元）

企业应做会计分录：

借：应付职工薪酬　　9000

　贷：银行存款　　8810

　　应交税费——代扣代缴个人所得税　　190

② 如果承包、承租人对企业经营成果拥有所有权，只按合同规定向发包、出租方缴纳一定费用，其个人所得税按"承包、承租经营所得"项目计税，并由承包、承租方自行申报缴纳，发包、出租方不作扣缴所得税的会计处理。

【例 5-16】 2024 年 1 月 1 日，某职工与事业单位签订承包合同，经营招待所，据合同协议承包期为 1 年，该职工全年上交租赁费用 20000 元，年终招待所实现利润总额 85000 元。请计算该职工应交个人所得税税额并作会计处理。

分析：该职工对招待所的利润拥有所有权，应按“承包、承租经营所得”计算个人所得税。

计算：

应纳税所得额 = 承包经营利润 − 上交费用 − 每月费用扣减合计

= 85000−20000−5000×12=5000（元）

应纳税额 = 全年应纳税所得额 × 适用税率 − 速算扣除数

= 5000×5% =250（元）

借：管理费用　　　　250

　贷：应付职工薪酬　　　　250

借：应付职工薪酬　　　　250

　贷：应交税费——个人所得税　　　　250

借：应交税费——个人所得税　　　　250

　贷：银行存款　　　　250

会计处理：该职工个人自行申报缴纳个人所得税，该事业单位不做扣缴个人所得税的会计处理，当收到职工上交的承包费时：

借：银行存款　　　　20000

　贷：其他业务收入　　　　20000

③ 劳务报酬、稿酬等所得应纳税额的会计处理。企业支付给个人的劳务报酬、稿酬、特许权使用费、财产租赁、财产转让及利息、股息红利等所得的，由支付单位作为法定代扣代缴义务人扣缴税款，其支付的相关费用计入该企业的有关期间费用账户。借记“管理费用”“银行存款”等科目，贷记“应交税费——个人所得税”科目。上缴税金时，借“应交税费——个人所得税”科目，贷“银行存款”科目。

【例 5-17】　某公司从李工程师处取得其一项专利权的使用权，协议约定该公司一次性支付李工程师特许使用权费用 60000 元。请计算李工程师应纳的个人所得税，并作相应的会计处理。

分析：该笔特许使用权费用，应按“应纳税所得额 = 每次收入额 ×（1−20%）”的公式进行税款的计算。

计算：

应纳税额 =60000×（1−20%）×20%=9600（元）

该公司应做会计分录：

借：管理费用　　　　60000

　贷：应交税费——代扣代缴个人所得税　　　　9600

　　　银行存款　　　　50400

④ 向个人购买财产（财产转让）应纳税额会计处理。企业向个人购买无形资产、固定资产等行为，代为扣缴的个人所得税应作为企业购建资产的价值组成部分，购入时借记“无形资产”“固定资产”等科目，贷记“银行存款”“应交税费——代扣代缴个人所得税”等科目。

⑤ 企业向股东分配股息、利润应纳税额的会计处理。企业向个人股东支付股利或是派发股票股利、以盈余公积转增个人股东资本时，应代扣代缴个人所得税。支付股利时，借记“利润分配——未分配利润”“应付股利”“应付利润”等科目，贷记“应交税费——代扣代缴个人所得税”“股本”“银行存款”等科目。

5.3.2 企业扣缴个人所得税报表的填写

个人所得税的申报方式有自行申报纳税和代扣代缴申报纳税两种。自行申报纳税的，纳税人应在规定的期限内如实填写个人所得税纳税申报表，按税法规定计算税额后向税务机关进行申报。

代扣代缴申报是负有代扣代缴义务的单位或个人向个人支付应纳税所得时，从其所得中扣除税款，并向税务机关报送扣缴个人所得税申报表，进行税款申报的方法。

5.3.3 个人所得税的缴纳申报

(1) 个人所得税每月申报

扣缴义务人每月所扣的税款，应当在次月 15 日内缴入国库，向主管税务机关报送《扣缴个人所得税报告表》(如图 5-1 所示)、代扣代收凭证、个人收入明细表及税务机关要求提供的其他资料。

个人所得税的缴纳申报目前大都采取网上申报的方式进行，即通过网络上传纳税申报表，企业税务会计在“自然人税收管理系统扣缴（客户端)”“自然人电子税务局 (客户端)”或“个人所得税申报软件”中填报数据，按下列操作步骤进行个人所得税的缴纳申报。

(2) 个人所得税综合所得年度汇算清缴

个人所得税综合所得年度汇算清缴，是指当年终了后，纳税人需要汇总当年取得的工资薪金、劳务报酬、稿酬、特许权使用费等四项综合所得的收入额，减除费用 6 万元以及专项扣除、专项附加扣除、依法确定的其他扣除和符合条件的公益慈善事业捐赠后，适用综合所得个人所得税税率并减去速算扣除数，计算最终应纳税额，再减去当年已预缴税额，得出应退或应补税额，在取得所得的次年 3 月 1 日到 6 月 30 日向税务机关申报并办理退税或补税。

扣缴个人所得税报告表

税款所属期：　　年　　月　　日至　　年　　月　　日

扣缴义务人名称：　　　　　　　　　　　　　　　　　　扣缴义务人所属行业：□一般行业　□特定行业月份申报

扣缴义务人编码：□□□□□□□□□□□□□□□□　　　　　　　　金额单位：人民币元(列至角分)

序号	姓名	身份证件类型	身份证件号码	所得项目	所得期间	收入额	免税所得	税前扣除项目								减除费用	准予扣除的捐赠额	应纳税所得额	税率%	速算扣除数	应纳税额	减免税额	应扣缴税额	已扣缴税额	应补(退)税额	备注
								基本养老保险费	基本医疗保险费	失业保险费	住房公积金	财产原值	允许扣除的税费	其他	合计											
1	2	3	4	5	6	7	8	9	10	11	12	13	14	15	16	17	18	19	20	21	22	23	24	25	26	27
合计																										

谨声明：此扣缴报告表是根据《中华人民共和国个人所得税法》及其实施条例和国家有关税收法律法规规定填写的，是真实的、完整的、可靠的。

法定代表人(负责人)签字：　　　　年　　月　　日

扣缴义务人公章： 经办人：	代理机构(人)签章： 经办人： 经办人执业证件号码：	主管税务机关受理专用章： 受理人：
填表日期：　年　月　日	代理申报日期：　年　月　日	受理日期：　年　月　日

国家税务总局监制

图 5-1　扣缴个人所得税报告表

5.4 财税小点拨——个人所得税新政

我国个人所得税法自 1980 年实施以来，国家根据社会经济形势的发展、居民消费水平、物价变化等情况，已适时对费用扣除标准进行了多次调整。

2024 年最新个人所得税法修改亮点：

（1）增加了综合所得概念

所谓综合所得，包括工资薪金所得、劳务报酬所得、稿酬所得、特许权使用费所得四大类收入，这四类收入将合并计算个人所得税。

（2）对综合所得改为按年计算所得税

以前的历次修正，个人所得税均为按月缴纳。本次修正最大的变化，就是将综合所得个人所得税的计算改为以年为单位，即月度预缴、年度汇算清缴的方式。根据最新个人所得税法，综合所得按年计算，在取得所得的次年三月一日至六月三十日内办理汇算清缴。

（3）扩大了减除费用扣除范围

综合所得的费用扣除额由原来的每月 3500 元，扩大为年 6 万元；除了原来税法规定的基本养老保险、基本医疗保险、失业保险等社保保险费和住房公积金等扣除项以外，逐步确立扩大七大扣除项，包括：子女教育、继续教育、大病医疗、住房贷款利息或住房租金、赡养老人、3 岁以下婴幼儿照护、个人养老金账户等支出。

（4）加大了专项附加扣除力度

① 子女教育专项附加扣除标准：由每个子女每月 1000 元提高到 2000 元。

② 继续教育：纳税人接受学历或非学历教育支出，可以享受扣除。

纳税人在中国境内接受学历（学位）继续教育的支出，在学历（学位）教育期间按照每月 400 元定额扣除。同一学历（学位）继续教育的扣除期限不能超过 48 个月。

纳税人接受技能人员职业资格继续教育、专业技术人员职业资格继续教育的支出，在取得相关证书的当年，按照 3600 元定额扣除。

③ 大病医疗：纳税人或其配偶、子女发生的与基本医保相关的医药费用支出，在扣除医保报销后，自付部分超过 15000 元的部分，可以在 80000 元限额内据实扣除。

纳税人发生的医药费用支出可以选择由本人或者其配偶扣除；未成年子女发生的医药费用支出可以选择由其父母一方扣除。

④ 住房贷款利息：纳税人或其配偶发生的首套住房贷款利息支出，可以享受

每月 1000 元的定额扣除，扣除期限最长不超过 240 个月。

夫妻双方婚前分别购买住房发生的首套住房贷款，其贷款利息支出，婚后可以选择其中一套购买的住房，由购买方按扣除标准的 100% 扣除，也可以由夫妻双方对各自购买的住房分别按扣除标准的 50% 扣除，具体扣除方式在一个纳税年度内不能变更。

⑤ 住房租金：

纳税人在主要工作城市没有自有住房而发生的住房租金支出，可以按照标准定额扣除：

a. 直辖市、省会（首府）城市、计划单列市以及国务院确定的其他城市，扣除标准为每月 1500 元；

b. 除直辖市、省会（首府）城市、计划单列市以及国务院确定的其他城市，市辖区户籍人口超过 100 万的城市，扣除标准为每月 1100 元；

c. 市辖区户籍人口不超过 100 万的城市，扣除标准为每月 800 元。

⑥ 赡养老人专项附加扣除标准：由每月 2000 元提高到 3000 元。其中，独生子女按照每月 3000 元的标准定额扣除；非独生子女与兄弟姐妹分摊每月 3000 元的扣除额度，每人分摊的额度不能超过每月 1500 元。

⑦ 3 岁以下婴幼儿照护专项附加扣除标准：由每个婴幼儿每月 1000 元提高到 2000 元。

⑧ 自 2024 年 1 月 1 日起，在全国范围实施个人养老金递延纳税优惠政策。在缴费环节，个人向个人养老金资金账户的缴费，按照 12000 元 / 年的限额标准，在综合所得或经营所得中据实扣除；

在投资环节，对计入个人养老金资金账户的投资收益暂不征收个人所得税；

在领取环节，个人领取的个人养老金不并入综合所得，单独按照 3% 的税率计算缴纳个人所得税，其缴纳的税款计入“工资、薪金所得”项目。

（5）增加了公益捐赠的扣除

对教育、扶贫、济困等公益慈善事业进行捐赠，捐赠额未超过申报应纳税所得额 30% 的部分，准予扣除。

（6）增加了反避税条款

税法第八条规定，税务机关有权对以下情况进行纳税调整：

① 个人与其关联方之间的业务往来不符合独立交易原则而减少个人或其关联方应纳税额，且无正当理由的；

② 居民个人控制的企业，或与其他居民企业共同控制的、设立在实际税负明显偏低的国家（地区）的企业，无合理经营需要，对应当归属于居民个人的利润

不做分配或减少分配；

③个人实施其他不具有合理商业目的的安排而获取不当税收利益的。

(7) 加大了征收管理的力度

税法第十五条规定，公安、人民银行、金融监督管理、教育、卫生、医疗保障、民政、人力资源社会保障、住房城乡建设等部门联合配合，提供纳税人的身份信息、账户信息和其他扣除信息。

企业税务会计人员在新旧税法交替过程中应熟知各个人所得税项目应纳税额的计算方法，做到准确计算，及时缴纳。

第6章 印花税

人们在日常生活中订立合同，签立时往往会涉及类似“贴花”等字眼，“贴花”是购买印花税票、自行粘贴、进行印花税缴纳的行为。可见，“印花税”是人们经济生活中经常发生的税种之一。本章将简要介绍印花税的相关基础知识，如计算、会计处理及纳税申报等知识点。

6.1 印花税的基础知识

印花税首创于荷兰，目前在世界各国已普遍开征。我国现行的《中华人民共和国印花税法》（简称《印花税法》）于2021年6月10日由第十三届全国人民代表大会常务委员会第二十九次会议通过，并自2022年7月1日起正式施行。

6.1.1 印花税简述

印花税是一种行为税，它是以经济活动和经济交往中书立、领受应税凭证的行为为征收对象的一种税，缴纳税款的方法为在应税凭证上粘贴印花税票。

印花税具有征税范围广、税负轻、自行贴花纳税、多缴不退不抵的特点。

印花税具有良好的财政经济功能与作用，它的征收有利于增加财政收入，配合和加强经济合同的监督管理，培养公民的纳税意识，同时，在维护国家经济权益以及配合其他应纳税种的监督管理等方面，也具有十分重要的作用。

6.1.2 印花税的纳税义务人

凡在我国境内书立、领受印花税应税凭证并依法履行纳税义务的单位和个人，均为印花税的纳税义务人。根据书立、领受应税凭证的不同，各种纳税义务人划分如表6-1所示。

表6-1 印花税纳税义务人

序号	应税凭证	纳税义务人
1	订立的合同	合同的当事人
2	产权转移书据	立据人
3	营业账簿	立账簿人
4	证券交易	证券交易人
5	国外书立、领受，国内使用的应税凭证	使用人
6	各类电子应税凭证	签订人

注：应税凭证是由两方或两方以上当事人共同书立的，各方当事人均应就其所持凭证的计税金额纳税，履行纳税义务人的职责。

证券交易印花税对证券交易的出让方征收，不对受让方征收。

6.1.3 印花税的税目与税率

（1）印花税的税目

印花税税目共 13 个，它对印花税的征税范围进行了具体划分：

① 买卖合同：如供应、采购、预购、购销结合及协作、调剂、补偿、贸易等合同。

② 承揽合同：如加工、定作、修理、印刷、广告、测试等合同。

③ 建设工程合同：如勘察、设计合同。

④ 仓储合同。

⑤ 租赁合同：如房屋、船舶、器具、机械、设备、门店、柜台出租合同。

⑥ 运输合同：如铁路运输、海上运输、公路运输、民航、联运等合同。

⑦ 保管合同。

⑧ 借款合同：如银行及其他金融组织与借款人签订的合同、融资租赁合同等。

⑨ 财产保险合同：如财产、责任、信用保险等合同。

⑩ 技术合同：如技术开发、转让、咨询、服务等合同。

⑪ 产权转移书据：如商标专用权、专利权、著作权、专有技术使用权等转移书据，以及土地使用权出让、转让，房屋等建筑物和构筑物所有权转让书据等。

⑫ 营业账簿。

⑬ 证券交易。

（2）税率

现行印花税取消了定额税率，适用比例税率（从价计征），税率分为 5 档，即 0.05‰、0.25‰、0.3‰、0.5‰和 1‰。各税目适用税率见表 6-2。

表 6-2　印花税税率表

序号	税率形式	适用税率	对应税目	具体内容
1	比例税率	0.05‰	借款合同（包括融资租赁合同）	按借款金额 0.05‰
2		0.25‰	营业账簿	记载资金的账簿，按实收资本和资本公积的合计 0.25‰
3		0.3‰	承揽合同	按加工或承揽收入 0.3‰
4			建设工程合同	按收取费用 0.3‰
5			运输合同	按收取的运输费用 0.3‰

续表

序号	税率形式	适用税率	对应税目	具体内容
6	比例税率	0.3‰	买卖合同	按购销金额 0.3‰
7			技术合同（不包括专利权、专有技术使用权转让书据）	按所载金额 0.3‰
8			商标专用权、著作权、专利权、专有技术使用权转让书据	按转让价款的 0.3‰
9		0.5‰	产权转移书据（包括土地使用权出让合同、土地使用权转让合同、房屋等建筑物和构筑物所有权转让书据，不包括土地承包经营权和土地经营权转移）	按所载金额 0.5‰
10		0.05‰	借款合同（包括融资租赁合同）	按借款金额 0.05‰
11		1‰	租赁合同	按租赁金额 1‰
12			财产保险合同	按收取的保险费收入 1‰
13			保管合同	按收取的保管费用 1‰
14			仓储合同	按收取的仓储费用 1‰
15			证券交易	按成交金额 1‰

6.1.4 印花税的税收优惠

根据《印花税法》的规定，享受免征印花税的有下列凭证：

① 已缴纳印花税凭证的副本或抄本（副本或抄本视同正本使用的，应另贴印花）；

② 财产所有权人将财产赠与政府、慈善组织、社会福利机构及学校所立的产权转移书据；

③ 依照法律规定应当予以免税的外国驻华使馆、领事馆和国际组织驻华代表机构为获得馆舍书立的应税凭证；

④ 无息、贴息贷款合同，国际金融组织向中国提供优惠贷款书立的借款合同；

⑤ 中国人民解放军、中国人民武装警察部队书立的应税凭证；

⑥ 个人与电子商务经营者订立的电子订单；

⑦ 农民、家庭农场、农民专业合作社、农村集体经济组织、村民委员会购买农业生产资料或者销售农产品书立的买卖合同和农业保险合同；

⑧ 非营利性医疗卫生机构采购药品或者卫生材料书立的买卖合同。

《印花税法》对企业改制过程中也有很多的减免规定，本书此处就不再单独说明。

6.2 印花税的计算、纳税申报与会计处理

印花税的纳税人应按照条例的有关规定正确计算、申报印花税，并及时进行会计处理。

6.2.1 印花税的计算

印花税适用比例税率，先确定计税依据，即凭证所载的应税金额，再根据适用税率得出应缴纳的印花税税额。

按比例计税，各税目凭证所载应税金额的确定一般规定可参照表 6-2。其计算公式为：

应纳税额 = 凭证所载应税金额 × 适用税率

【例 6-1】 某运输企业 2024 年 8 月签订以下合同：

① 与某银行签订融资租赁合同购置新车 15 辆，合同载明租赁期限为 3 年，每年支付租金 80 万元；

② 与某客户签订货物运输合同，合同载明货物价值 300 万元，运输费用 35 万元（含装卸费 3 万元，货物保险费 8 万元）；

③ 与某运输企业签订租赁合同，合同载明将本企业闲置的总价值 200 万元的 10 辆货车出租，每辆车月租金 5000 元，租期 3 个月；

④ 与某保险公司签订保险合同，合同载明为本企业的 50 辆车上第三方责任险，每辆车每年支付保险费 3000 元。

请计算该企业当月应缴纳的印花税。

分析计算：

① 融资租赁合同暂按借款合同计税，其计税依据为合同所载租金总额，应纳税额 =80×3×0.05‰ =0.012（万元）=120（元）。

② 货物运输合同以取得的运输费金额（不含所运输货物金额、装卸费及保险费）为计税依据，应纳税额 =（35−3−8）×0.3‰ =0.0072（万元）=72（元）。

③ 货车租赁合同，5000×10×3×1‰ =150（元）。

④ 财产保险合同，以支付或收取的保险费金额为计税依据，应纳税额 = 50×3000×1‰ =150（元）。

当月应缴纳的印花税合计 =120+72+150+150=492（元）。

6.2.2 印花税的纳税申报与会计处理

（1）印花税的会计处理

印花税在发生时直接借方计入企业的“税金及附加”或“管理费用”等科

目，贷方通过“应交税费”或“银行存款”科目进行反映。

【例 6-2】 某建筑安装公司 2024 年 5 月承包某建筑工程，工程造价为 500 万元，双方按照合同法签订建筑承包工程合同。请计算该建筑安装公司应缴纳的印花税并作会计分录。

建筑承包工程合同应按承包金额的 0.3‰贴花，应纳税额 =5000000× 0.3‰ =1500（元）。

做会计分录如下：

借：税金及附加　　　　1500

　贷：银行存款　　　　1500

（2）印花税的纳税申报

印花税的纳税人应当在书立或领受时实行就地纳税，印花税的纳税办法有自行贴花、汇贴或汇缴、委托代征三种。

自行贴花由纳税人在应税行为发生时，自行计算应纳税额并购买印花税票，自行一次贴足印花税票并加以注销或划销；

如果纳税人应纳税额较大（一般为应纳税额超过 500 元）或贴花次数频繁的，可采用汇贴或汇缴的办法进行纳税；

印花税汇贴和汇缴一般按季、按年或者按次计征。实行按季、按年计征的，纳税人应当自季度、年度终了之日起 15 日内申报缴纳税款；实行按次计征的，纳税人应当自纳税义务发生之日起 15 日内申报缴纳税款。

6.3 财税小点拨——轻税重罚的印花税

印花税作为小税种，其税负较轻，税率和税额都明显低于其他税种，但它同时又具有轻税重罚的特点。作为企业税务会计人员，应熟知印花税的管理与处罚规定，切不可因为工作疏忽而给企业带来不必要的经济损失。

印花税的违章处罚条例应重点掌握以下几点：

① 纳税人存在在应纳税凭证上未贴或少贴印花税票，未注销或未划销已粘贴在应税凭证上的印花税票的，由税务机关追缴其不缴或者少缴的税款、滞纳金，同时处以不缴或者少缴税款 50% 以上 5 倍以下的罚款。

② 纳税人将已贴用的印花税票揭下重用，造成未缴或少缴印花税的，税务机关应追缴其不缴、少缴的税款和滞纳金，同时处以不缴、少缴税款 50% 以上 5 倍以下的罚款；构成犯罪的，还应依法追究其刑事责任。

③ 纳税人伪造印花税票的，税务机关应责令其改正，并处以 2000 元以上 1 万元以下的罚款；对于情节严重的，处以 1 万元以上 5 万元以下的罚款；构成犯罪的，依法追究纳税人的刑事责任。

第7章 其他税

除了前面各章所介绍的各类税种，我国还存在着如城市维护建设税、资源税、契税、城镇土地使用税和耕地占用税等各类小税种，这些税种的纳税范围之广、历史之久有些已超过了前面所述税种。它们是我国税收事业中不可或缺的组成部分。

7.1 城市维护建设税

在税务会计的日常工作中，接触最多的除了增值税、所得税、消费税等几个大税外，城市维护建设税（简称“城建税”）也是每月/季度必进行纳税申报的税种之一，它基本上在申报增值税和消费税的时间、地点同时申报。

7.1.1 城市维护建设税简述

城市维护建设税是对缴纳增值税、消费税等从事工商经营的单位和个人征收的一种税。它属于一种附加税，其税款所得专款专用，各地的税负水平因城镇规模不同而设计了不同的比例税率，具有征收范围广泛的特点。

城市维护建设税可用于补充城市维护建设资金的不足，限制地区或部门对企业的乱摊派，同时，对调动地方政府进行城市维护和建设也具有很好的推进作用。

城市维护建设税以负有缴纳增值税、消费税义务的单位和个人为纳税义务人。2010 年 12 月 1 日前，我国对外商投资企业和外国企业不征收城建税，但在 2010 年 12 月 1 日以后，对外资企业同样计算征收城市维护建设税。

7.1.2 城市维护建设税的税率和税收优惠

城建税依据纳税人所在城镇的规模及资金需要设计了三档地区差别比例税率：纳税人所在地为市区的，税率为 7%；所在地为县城、镇的，税率为 5%；所在地不在市区、县城或镇的，税率为 1%。

因城建税是附属于增值税、消费税的税种，其税收减免往往随主税减免的发生而发生。其具体的税收减免有下列几种情形。

① 城建税随“增值税、消费税”的减免而减免；

② 对于“增值税、消费税”因减免税而需要退税的，相应的城建税也可同时退税；

③ 对于“增值税、消费税”实行先征后返、先征后退、即征即退办法的，除另有规定外，相应的城建税和教育费附加不予退还；

④ 海关对进口产品代征的税金（消费税或增值税），不征收城建税。

7.1.3 城市维护建设税的计算、会计处理与申报

（1）城建税的计算

城建税作为增值税、消费税的附属税种，是以纳税人实际缴纳的“增值税、消费税”为计税依据，并随“增值税、消费税”的减免而减免，同样，如果“增值税、消费税”因某些原因需进行查补和罚款时，也必须对相应的城建税进行补

税、征收滞纳金和罚款。

城建税的计税公式为：

应纳城建税税额 =（实纳增值税税额 + 实纳消费税税额）× 适用税率

【例 7-1】 某市区一家企业 2024 年 8 月实际缴纳的增值税为 15 万元，消费税 8 万元。请计算该企业当月应缴纳的城建税税额。

分析：该企业处于市区，因此其适用的城建税税率为 7%。

应纳城建税税额 =（15+8）×7%=1.61（万元）

（2）城建税的会计处理

企业对城建税进行会计处理时，应通过“应交税费——应交城市维护建设税”科目来进行核算。

【例 7-2】 承【例 7-1】，该企业的城市维护建设税的会计处理如下：

借：税金及附加　　　　16100

　贷：应交税费——应交城市维护建设税　　　　16100

实际缴纳时：

借：应交税费——应交城市维护建设税　　　　16100

　贷：银行存款　　　　16100

（3）城建税的申报

城建税的纳税环节与“增值税、消费税”的纳税环节同步，其纳税地点、纳税期限等相应的规定基本都跟“增值税、消费税”一致。城建税在进行纳税申报时，需填写《增值税及附加税费申报表附列资料（五）》，其格式如表 7-1 所示。

表 7-1　城建税、教育费附加、地方教育附加税（费）申报表

增值税及附加税费申报表附列资料（五）

（附加税费情况表）

税（费）款所属时间：　年　月　日至　年　月　日

纳税人名称：（公章）　　　　金额单位：元（列至角分）

<table>
<tr><td rowspan="3" colspan="2">税（费）种</td><td colspan="3">计税（费）依据</td><td rowspan="2">税（费）率（%）</td><td rowspan="2">本期应纳税（费）额</td><td colspan="2">本期减免税（费）额</td><td colspan="2">试点建设培育产教融合型企业</td><td rowspan="2">本期已缴税（费）额</td><td rowspan="2">本期应补（退）税（费）额</td></tr>
<tr><td>增值税税额</td><td>增值税免抵税额</td><td>留抵退税本期扣除额</td><td>减免性质代码</td><td>减免税（费）额</td><td>减免性质代码</td><td>本期抵免金额</td></tr>
<tr><td>1</td><td>2</td><td>3</td><td>4</td><td>5=（1+2−3）×4</td><td>6</td><td>7</td><td>8</td><td>9</td><td>10</td><td>11=5−7−9−10</td></tr>
<tr><td>城市维护建设税</td><td>1</td><td></td><td></td><td></td><td></td><td></td><td></td><td></td><td>—</td><td>—</td><td></td><td></td></tr>
</table>

续表

<table>
<tr><td colspan="2" rowspan="3">税（费）种</td><td colspan="3">计税（费）依据</td><td rowspan="2">税（费）率（%）</td><td rowspan="2">本期应纳税（费）额</td><td colspan="2">本期减免税（费）额</td><td colspan="2">试点建设培育产教融合型企业</td><td rowspan="2">本期已缴税（费）额</td><td rowspan="2">本期应补（退）税（费）额</td></tr>
<tr><td>增值税税额</td><td>增值税免抵税额</td><td>留抵退税本期扣除额</td><td>减免性质代码</td><td>减免税（费）额</td><td>减免性质代码</td><td>本期抵免金额</td></tr>
<tr><td>1</td><td>2</td><td>3</td><td>4</td><td>5=（1+2−3）×4</td><td>6</td><td>7</td><td>8</td><td>9</td><td>10</td><td>11=5−7−9−10</td></tr>
<tr><td>教育费附加</td><td>2</td><td></td><td></td><td></td><td></td><td></td><td></td><td></td><td></td><td></td><td></td><td></td></tr>
<tr><td>地方教育附加</td><td>3</td><td></td><td></td><td></td><td></td><td></td><td></td><td></td><td></td><td></td><td></td><td></td></tr>
<tr><td>合计</td><td>4</td><td>—</td><td>—</td><td>—</td><td>—</td><td></td><td>—</td><td></td><td>—</td><td></td><td></td><td></td></tr>
<tr><td colspan="5" rowspan="3">本期是否适用试点建设培育产教融合型企业抵免政策</td><td rowspan="3">□是
□否</td><td colspan="4">当期新增投资额</td><td>5</td><td colspan="2"></td></tr>
<tr><td colspan="4">上期留抵可抵免金额</td><td>6</td><td colspan="2"></td></tr>
<tr><td colspan="4">结转下期可抵免金额</td><td>7</td><td colspan="2"></td></tr>
<tr><td colspan="6" rowspan="3">可用于扣除的增值税留抵退税额使用情况</td><td colspan="4">当期新增可用于扣除的留抵退税额</td><td>8</td><td colspan="2"></td></tr>
<tr><td colspan="4">上期结存可用于扣除的留抵退税额</td><td>9</td><td colspan="2"></td></tr>
<tr><td colspan="4">结转下期可用于扣除的留抵退税额</td><td>10</td><td colspan="2"></td></tr>
</table>

7.2 资源税

资源税是以各种应税自然资源为课税对象，为了调节资源级差收入并体现国有资源有偿使用而征收的一种税。

7.2.1 资源税简述

为进一步规范资源税征收管理，优化纳税服务，防范涉税风险，国家税务总局研究制定了《资源税征收管理规程》，自 2018 年 7 月 1 日起施行。

资源税的征收一方面有利于促进对自然资源的合理开发利用，促进企业间开展平等竞争，另一方面也能为国家财政资金的筹集起到相应的作用。

7.2.2 资源税的税目、单位税额和税收优惠

资源税采取从量定额的办法征税，对各类税目规定级差税额，其具体的税目、税率可见表 7-2。

表 7-2 资源税税目、税率表

税目			征税对象	税率
能源矿产		原油	原矿	6%
		天然气、页岩气、天然气水合物	原矿	6%
		煤	原矿或者选矿	2% ～ 10%
		煤成（层）气	原矿	1% ～ 2%
		铀、钍	原矿	4%
		油页岩、油砂、天然沥青、石煤	原矿或者选矿	1% ～ 4%
		地热	原矿	1% ～ 20% 或者每立方米 1 ～ 30 元
金属矿产	黑色金属	铁、锰、铬、钒、钛	原矿或者选矿	1% ～ 9%
	有色金属	铜、铅、锌、锡、镍、锑、镁、钴、铋、汞	原矿或者选矿	2% ～ 10%
		铝土矿	原矿或者选矿	2% ～ 9%
		钨	选矿	6.5%
		钼	选矿	8%
		金、银	原矿或者选矿	2% ～ 6%
		铂、钯、钌、锇、铱、铑	原矿或者选矿	5% ～ 10%
		轻稀土	选矿	7% ～ 12%
		中重稀土	选矿	20%
		铍、锂、锆、锶、铷、铯、铌、钽、锗、镓、铟、铊、铪、铼、镉、硒、碲	原矿或者选矿	2% ～ 10%
非金属矿产	矿物类	高岭土	原矿或者选矿	1% ～ 6%
		石灰岩	原矿或者选矿	1% ～ 6% 或者每吨（或者每立方米）1 ～ 10 元

续表

<table>
<tr><th colspan="3">税目</th><th>征税对象</th><th>税率</th></tr>
<tr><td rowspan="9">非金属矿产</td><td rowspan="6">矿物类</td><td>磷</td><td>原矿或者选矿</td><td>3% ～ 8%</td></tr>
<tr><td>石墨</td><td>原矿或者选矿</td><td>3% ～ 12%</td></tr>
<tr><td>萤石、硫铁矿、自然硫</td><td>原矿或者选矿</td><td>1% ～ 8%</td></tr>
<tr><td>天然石英砂、脉石英、粉石英、水晶、工业用金刚石、冰洲石、蓝晶石、硅线石（矽线石）、长石、滑石、刚玉、菱镁矿、颜料矿物、天然碱、芒硝、钠硝石、明矾石、砷、硼、碘、溴、膨润土、硅藻土、陶瓷土、耐火粘土、铁矾土、凹凸棒石粘土、海泡石粘土、伊利石粘土、累托石粘土</td><td>原矿或者选矿</td><td>1% ～ 12%</td></tr>
<tr><td>叶蜡石、硅灰石、透辉石、珍珠岩、云母、沸石、重晶石、毒重石、方解石、蛭石、透闪石、工业用电气石、白垩、石棉、蓝石棉、红柱石、石榴子石、石膏</td><td>原矿或者选矿</td><td>2% ～ 12%</td></tr>
<tr><td>其他粘土（铸型用粘土、砖瓦用粘土、陶粒用粘土、水泥配料用粘土、水泥配料用红土、水泥配料用黄土、水泥配料用泥岩、保温材料用粘土）</td><td>原矿或者选矿</td><td>1% ～ 5% 或者每吨（或者每立方米）0.1 ～ 5 元</td></tr>
<tr><td rowspan="2">岩石类</td><td>大理岩、花岗岩、白云岩、石英岩、砂岩、辉绿岩、安山岩、闪长岩、板岩、玄武岩、片麻岩、角闪岩、页岩、浮石、凝灰岩、黑曜岩、霞石正长岩、蛇纹岩、麦饭石、泥灰岩、含钾岩石、含钾砂页岩、天然油石、橄榄岩、松脂岩、粗面岩、辉长岩、辉石岩、正长岩、火山灰、火山渣、泥炭</td><td>原矿或者选矿</td><td>1% ～ 10%</td></tr>
<tr><td>砂石</td><td>原矿或者选矿</td><td>1% ～ 5% 或者每吨（或者每立方米）0.1 ～ 5 元</td></tr>
<tr><td>宝玉石类</td><td>宝石、玉石、宝石级金刚石、玛瑙、黄玉、碧玺</td><td>原矿或者选矿</td><td>4% ～ 20%</td></tr>
<tr><td rowspan="2">水气矿产</td><td colspan="2">二氧化碳气、硫化氢气、氦气、氡气</td><td>原矿</td><td>2% ～ 5%</td></tr>
<tr><td colspan="2">矿泉水</td><td>原矿</td><td>1% ～ 20% 或者每立方米 1 ～ 30 元</td></tr>
<tr><td rowspan="3">盐</td><td colspan="2">钠盐、钾盐、镁盐、锂盐</td><td>选矿</td><td>3% ～ 15%</td></tr>
<tr><td colspan="2">天然卤水</td><td>原矿</td><td>3% ～ 15% 或者每吨（或者每立方米）1 ～ 10 元</td></tr>
<tr><td colspan="2">海盐</td><td></td><td>2% ～ 5%</td></tr>
</table>

资源税的征收范围仅限于我国境内，因此对进口的应税产品不征税，对出口的应税产品不退税，同时还规定了如下减免税政策：

① 对于开采原油过程中用于加热、修井的原油免税；

② 纳税人经营过程中因意外事故、自然灾害而产生重大损失的，可由省、自治区、省人民政府酌情减免税；

③ 其他减免税规定。

7.2.3 资源税的计算、申报与会计处理

（1）资源税的计算

资源税按应税产品的课税数量乘以单位税额进行应纳税额的计算，其计算公式为：应纳税额=课税数量×单位税额。纳税人开采或生产应税产品用于销售的，以销售数量为课税数量；应税产品作为自用的，以自用数量作为课税数量。

【例 7-3】 某油田 2024 年 8 月销售原油，销售额 250 万元，适用 5% 的税率。请计算该油田本月应纳资源税税额。

应纳税额 =250×5%=12.5（万元）

（2）资源税的纳税申报

资源税的纳税义务发生时间为：

① 纳税人分期收款销售的，以销售合同规定的收款日期当天为纳税义务发生时间；

② 纳税人预收货款销售的，以发出应税产品的当天为纳税义务发生时间；

③ 纳税人采取其他结算方式，纳税义务发生时间应为收到销售款或者取得销售款凭据的当天；

④ 纳税人以移送使用应税产品的当天作为自产自用应税产品的纳税义务发生时间；

⑤ 代扣代缴税款的扣缴义务人以支付货款的当天为纳税义务发生时间。

凡是缴纳资源税的纳税人，应当在规定的纳税期限内向开采地或生产地的主管税务机关进行纳税申报，其纳税期限为 1 日、3 日、5 日、10 日、15 日或 1 个月，由主管税务机关根据实际情况具体核定。扣缴义务人代扣代缴的，应当向收购地主管税务机关缴纳资源税。

（3）资源税的会计处理

企业应缴纳的资源税，需通过“应交税费——应交资源税”科目进行核算，根据企业应税产品所发生的业务不同，其会计处理方式分以下几种：

① 企业销售应税产品的，应将缴纳的资源税计入税金及附加，计提应纳资源税时，借记“税金及附加”科目，贷记“应交税费——应交资源税”科目；实际缴纳时，借记“应交税费——应交资源税”科目，贷记“银行存款”科目。

② 企业将应税产品自产自用时，其应缴纳的资源税计入产品的生产成本，计算时借记“生产成本”或“制造费用”科目，贷记“应交税费——应交资源税”科目；实际缴纳时的会计处理同上述第 1 点。

③ 纳税人收购未税矿产品代扣代缴资源税时，按代扣代缴的资源税应纳税额借记“材料采购”科目，贷记“应交税费——应交资源税”科目。

④ 纳税人收购液体盐加工固体盐类时，其加工固体盐耗用的液体盐的已纳资源税准予扣除。购入液体盐时，按可抵扣的资源税借记“应交税费——应交资源税”科目，按外购价款扣除可扣除资源税后的余额借记“材料采购”科目，同时贷记“银行存款”“应付账款”等科目。加工成固体盐出售时，按固体盐应缴纳的资源税借记“税金及附加”科目，贷记“应交税费——应交资源税”科目；实际上缴时，按实际上缴金额扣减可抵扣资源税金额后的差额，借记“应交税费——应交资源税”科目，贷记“银行存款”科目。

【例 7-4】 承【例 7-3】，编制会计分录如下：

计提时：

借：税金及附加　　　　125000

　贷：应交税费——应交资源税　　　　125000

实际缴纳时：

借：应交税费——应交资源税　　　　125000

　贷：银行存款　　　　125000

7.3　契税、城镇土地使用税和耕地占用税

本节将扼要介绍契税、城镇土地使用税、耕地占用税的基本内容、计算方法及会计处理方法。

7.3.1　契税

（1）契税简述

契税是以转移土地、房屋权属为征税对象，由产权承受方作为纳税义务人而缴纳的一种财产税。其征税对象具体包括国有土地使用权出让、土地使用权转让、房屋买卖、房屋赠予、房屋交换五项。

对具有下列情形的纳税人，实行契税免征税收优惠：

① 城镇职工按规定第一次购买公有住房。

② 国家机关、事业单位、社会团体和军事单位承受土地、房屋用于办公、教学、医疗、科研和军事设施。

③ 承受荒山、荒地、荒滩土地使用权，并用于农、林、牧、渔业。

④ 非营利性的学校、医疗机构、社会福利机构承受土地、房屋权属用于办公、教学、医疗、科研、养老、救助。

⑤ 婚姻关系存续期间夫妻之间变更土地、房屋权属。

⑥ 法定继承人通过继承承受土地、房屋权属。

⑦ 依照法律规定应当予以免税的外国驻华使馆、领事馆和国际组织驻华代表机构承受土地、房屋权属。

⑧ 因土地、房屋被县级以上人民政府征收、征用，重新承受土地、房屋权属。

省、自治区、直辖市可以决定对下列情形免征或减征契税：

① 因不可抗力而失去住房，重新购买的。

② 因土地、房屋被县级以上人民政府征收、征用，重新承受土地、房屋权属。

（2）契税的计算

契税以不动产的价格为计税依据，实行 3% ～ 5% 的幅度税率。其计税依据的具体规定有下列几种情况：

① 国有土地使用权转让、土地使用权出售及房屋买卖方式，以成交价格计税；

② 土地使用权、房屋赠予，按征收机关核定的市场价格计税；

③ 土地使用权、房屋交换，以所交换产权的差额计税；

④ 以划拨方式取得的土地使用权，经批准转让时，以补缴的土地使用权出让金或土地收益为计税依据。

契税应纳税额计算公式为：应纳税额 = 计税依据 × 税率。

（3）契税的申报

契税的纳税义务人应自纳税义务发生（签订产权权属转移合同的当天或取得产权权属转移合同性质凭证的当天）之日起 10 日内，向土地、房屋所在地的征收机关进行申报。

（4）契税的会计处理

企业缴纳的契税，应计入相关资产的账面价值，取得土地使用权或房屋产权时，借记“固定资产”“无形资产”等科目，贷记“银行存款”科目。也可以通过“应交税费——应交契税”科目进行核算。

7.3.2 城镇土地使用税

（1）城镇土地使用税简述

城镇土地使用税是以国有土地、集体所有土地为征税对象，对拥有土地使用权的单位和个人征收的一种税，它具有征税范围广、实行差别幅度税率等特点。

城镇土地使用税的纳税人通常包括：拥有土地使用权的单位和个人。如拥有使用权的单位和个人不在土地所在地的，由土地实际使用人和代管人纳税；多方共有土地使用权的，由共有各方分别纳税；如果存在土地使用权的权属未确定或有纠纷未解决的情况，也应由实际使用人作为纳税人。

城镇土地使用税以城市、县城、建制镇和工矿区内属于国家所有的土地为征税范围。

注：2009 年 1 月 1 日起，公园、名胜古迹内的索道公司经营用地，应按规定

缴纳城镇土地使用税。

（2）城镇土地使用税的计算

城镇土地使用税以纳税人实际占用的土地面积为计税依据，按每平方米土地面积为计量标准。其计算公式为：（全年）应纳税额 = 实际占用应税土地面积（平方米）× 适用税额。

对于实际占用的土地面积，按下述顺序进行确认：

① 组织测量的，以测定面积为准；

② 尚未组织测量的，按政府部门核发的土地使用证书确认的土地面积为准；

③ 如果前述两项均不存在，则由纳税人申报土地面积，据以纳税，待核发土地使用证以后再作调整。

城镇土地使用税采用定额税率，实行以下标准的有幅度的差别税额（年应纳税额）：

a. 大城市 1.5 ～ 30 元；

b. 中等城市 1.2 ～ 24 元；

c. 小城市 0.9 ～ 18 元；

d. 县城、建制镇、工矿区 0.6 ～ 12 元。

（3）城镇土地使用税的征收管理

城镇土地使用税的纳税人应按年计算、分期向土地所在地的税务机关缴纳，各地的具体纳税期限以当地省、自治区、直辖市人民政府确定的时间为准。

（4）城镇土地使用税的会计处理

缴纳城镇土地使用税的单位，应于计算应交税额时，借记“税金及附加”科目，贷记“应交税费——应交城填土地使用税”科目；而在实际缴纳税款时，借记“应交税费——应交城填土地使用税”科目，贷记“银行存款”科目。

7.3.3 耕地占用税

（1）耕地占用税简述

耕地占用税是对特定土地资源的占用课税，是以占用耕地建房或从事其他非农业建设的单位和个人为纳税义务人，按其实际占用的耕地面积为计税依据而征收的一种税。

耕地占用税征税范围包括纳税人为建房或从事其他非农业建设而占用的国家所有和集体所有的耕地。

（2）耕地占用税的计算

耕地占用税应纳税额的计算公式为：应纳税额 = 实际占用耕地面积（平方米）× 适用定额税率。其所适用的定额税率，根据地区人口和耕地资源分布的不平衡，确定了 5 ～ 50 元不等的地区差别定额税率。

耕地占用税的征收有如下优惠政策：

对军事设施占用耕地及学校、幼儿园、社会福利机构、医疗机构占用耕地免税；

对铁路线路、公路线路、飞机场跑道、停机坪、港口、航道占用耕地，实行减征处理，减按每平方米 2 元的税额征收耕地占用税；

农村居民在规定用地标准以内占用耕地新建自用住宅，按照当地适用税额减半征收耕地占用税。

（3）耕地占用税的征收管理

耕地占用税的纳税人应当在收到土地管理部门的通知之日起 30 日内到所在地的地方税务机关缴纳耕地占用税。

（4）耕地占用税的会计处理

耕地占用税实行的是在实际占用耕地之前一次性缴纳，与征税机关不存在清算和结算的问题，因此企业按规定缴纳的耕地占用税，应作为固定资产价值的组成部分，计入“在建工程”科目，而不通过“应交税费”科目核算。

7.4 财税小点拨——教育费附加和地方教育附加

教育费附加是由国务院规定统一征收的一种附加税，是为了支持国家教育事业的发展，扩大教育经费的资金来源，加强基础教育的投入而征收的一项专用基金。它并不是我国现行税法体系的组成部分，不属于税金，而是国家征收的一种费用，所得收入属于中央与地方共享收入。

地方教育附加由各省、自治区、直辖市人民政府根据国家相关规定和本地区实际情况自行决定开征，属于地方政府性基金，是在教育费附加的基础上，为进一步增加地方教育的资金投入而设立的。其收入属于地方政府的财政收入，全部归地方所有。

教育费附加和地方教育附加，两者的征收范围、申报缴纳期限、计税依据都是相同的。是对缴纳“增值税、消费税”的单位和个人进行征收，以实际缴纳的“增值税、消费税”作为计费依据的一种费用。在日常工作中，往往与城市维护建设税一起作为“增值税、消费税”的附属税费。申报缴纳期限与纳税人的增值税、消费税纳税期限一致。

按“应纳教育费附加 / 地方教育附加 =（实际缴纳的增值税 + 实际缴纳的消费税）× 征收比率”这一公式进行应纳税费的计算。

教育费附加现行的征收比率是依据 1994 年 2 月 7 日《国务院关于教育费附加征收问题的紧急通知》中所规定的 3% 进行征收，地方教育附加按 2% 进行征收。

税务会计工作人员在进行“增值税、消费税”及城市维护建设税的缴纳时，应注意同时申报与缴纳教育费附加和地方教育附加。

后记

本书仅对税的基础知识进行展开，对税务会计而言，除了要学习这些理论知识外，更需要灵活运用这些知识，为纳税人争取最大的利益和权利。

随着个人所得税改革的不断深入，增值税法律的不断完善和优化，税务征收的科普和便利化，包括对税务的自查、检查和稽查管理的加强，大家对税的认识和理解也逐步强化了起来。

如何利用税收知识为纳税人创造更大的价值，降低税务风险，除了要真正了解这些税的底层逻辑、征收原理、征收原则、征收方式之外，还需深入了解纳税人的实际情况。

① 纳税人为企业的，需要了解企业的发展战略、股权架构、经营模式、业务流程、人力资源配置、组织结构等方方面面，只有全方位掌握企业的这些信息，税务会计才能在面对税务复杂问题时，为企业提供有效的税务筹划，辅助企业负责人做好税务决策，帮助企业合理规划税务成本，提升企业经济效益。

税务筹划是一个系统的工程，牵一发而动全身，它涉及企业运营的各个环节，企业在开展税务筹划时，尽量在专业人士的指导下进行操作。务必做到事先筹划，提前布局税务方案，将税务考量融入每一个业务细节；事中跟进业务推进情况，灵活调整策略，确保方案能有效执行；事后及时反馈总结，收集相关资料及信息，进行存档处理，方便应对未来不时之需。

如果企业不做好前期和中期的筹划工作，业务一旦发生，相关证据和结果已经定型，既定事实难以改变，再想进行后期补救，难度会增加。不仅难以达成预期省税效果，还可能因强行调整而引发合规问题，给企业带来麻烦。

② 纳税人为个人的，需要了解个人的相关信息，个人的经济状况、教育状况、住房状况、婚姻状况、子女状况、赡养老人状况等，结合以上情况，选择由家庭的哪一方进行个人所得税的附加扣除，或者选择不同的扣除比例，0%、50%还是 100%，不同的选择，个人所得税的税款也会有较大的差别。

纳税风险关乎企业生死存亡与个人信誉，税法红线不能触碰，任何侥幸心理都不可取，唯有时刻以税法为准绳，才能避免陷入法律泥潭，企业才能在合法合规的前提下，最大限度地减轻税务负担，提升企业的竞争力和盈利能力。

本书的知识更多地适用于初创企业和规模较小的企业进行基础税务工作，如果企业有更多的需求，可以联系作者，方便作者后期写出更多符合读者需要的与税相关的实战型书籍。